시詩가 있는
편지

시가 있는 편지

초판 1쇄 발행 2017년 07월 20일
초판 2쇄 발행 2017년 08월 17일

지은이 | 이승하
펴낸이 | 윤승천
펴낸곳 | KM

등 록 | 제25100-2013-000013호
주 소 | 서울특별시 은평구 가좌로 10길 29
전 화 | 02-305-6077(대표)
팩 스 | 02)305-1436 / 0505)115-6077

디자인 | 김왕기

copyright©2017, 이승하

ISBN 978-89-967527-1-4   03810

*책 값은 뒷표지에 있습니다.
*잘못된 책은 바꿔 드립니다.
*저자와의 협의하에 인지첨부는 생략합니다.

시詩가 있는 편지

이승하

책머리에

미지의 독자 여러분, 안녕하십니까?

이 세상에는 참으로 아름다운 편지들이 있습니다.

퇴계 이황과 고봉 기대승은 스물여섯이라는 엄청난 나이 차에도 불구하고 백여 통의 편지를 주고받았습니다. 우정의 편지요 존경의 편지였지만 사단칠정四端七情을 둘러싼 치열한 논쟁의 편지이기도 했습니다. 그들의 편지는 심오한 내용은 두말할 것도 없지만 '예'를 갖춘 겸허한 자세가 큰 감동을 줍니다.

발자크가 우크라이나 오데사 지방에 사는 2년 연하의 폴란드 백작 부인 에블린 한스카에게 보낸 어마어마한 양의 편지는 또 어떻습니까.

'이국의 여인에게 보내는 편지'라는 제목으로 작가 사후에 책으로 발간되었는데 그 수는 4권, 장편소설치고도 아주 긴 소설 분량이었다고 하지요. 발자크는 한스카 부인에게 편지를 쓰는 것이 중요한 일과였으며, 이 책은 그의 생애와 작품을 이해하는 데 가장 중요한 자료가 되고 있습니다.

당대 최고의 비평가라는 벨린스키한테서 "당신이 정말 이 소설을 쓴 사람이란 말입니까?"라는 경악에 가까운 찬사와 함께 와락 포옹을 당했다는 도스토예프스키의 처녀적이자 출세작인 『가난한 사람들』은 대표적인 서간체 소설입니다. 뻬쩨르부르그 뒷골목의 가난한 연인 바르바라 알렉세예브나와 마까르 알렉세예비치가 주고받는 편지가 한 편의 놀라운 소설이 되어 170년이 지난 지금도 사람의 심금을 울리고 있습니다.

편지라는 것은 참 신기하게도 내 마음을 타인에게 고스란히 전할 수 있습니다. 휴대폰 문자 메시지와 이메일 전송으로는 도저히 따라갈 수 없는 감정의 통로인 편지를, 오늘날에는 왜들 안 쓰는지 모르겠습니다. 제가 군인이었을 때만 하더라도 고참의 편지를 대필해주는 것이 고역이었는데 지금 군에서는 편지를 써달라며 부하를 괴롭히는 고참이 있을 것 같지 않습니다.

김천 촌놈인 저는 중학교 1학년 때부터 대학교 3학년 때까지 10년 가까이재수 1년, 휴학 1년이 포함되어 이름 알고 주소 알고 얼굴은 모르는 서울의 소녀에게 편지를 썼었습니다. 편지가 너무 두툼하여 우표를 2장 붙여야 했던 그 세월의 편지가 저를 시인의 길로 걸어가게 했다고 저는 믿고 있습니다. 시와 수필, 독후감 등을 정성껏 써 보내면 그 소녀는 겨우 한 장 내지 두 장의 답장을 보내주었지만 저는 그 편지를 수십 번 되풀이해 읽으면서 가슴을 졸였습니다. 갈망과 동경, 그리움과 서러움을 듬뿍 담아 쓴 저의 그 편지가 어느 날 몽땅 반송되었고, 저는 제가 썼던 편지와 그녀한테서 온 편지를 김천시 외곽을 흐르는 감천 냇물에 몽땅 떠내려보내는 결별의 시간을 가졌습니다.

아마도 제가 그 이후에도 편지의 형식을 빌려 글을 쓰곤 했던 것은, 그녀를 향한 10년 세월에 대한 아쉬움과 안타까움 때문인지도 모르겠습니다. 내 생각, 내 느낌, 내 희망, 내 의견 등을 남에게 전하고자 할 때, 가장 좋은 형식이 편지임을 저는 이미 중학생 시절에 충분히 깨닫고 있었습니다. 편지를 쓸 때는 마음의 온갖 삿된 것이 사라져, 공자가 말한 사무사思無邪 비슷한 경지에 이르곤 했습니다.

편지는 진심을 도로할 수 있기에 참 좋은 것입니다. 소설은 그야말로 픽션이며, 시도 많은 경우 작은 체험과 큰 상상력을 버무려 빚어낸다는 점에서 진리를 추구하기는 하되 사실 그 자체는 아닙니다. 하지만 편지라는 형식으로 글을 쓸 때는 보았던 것, 들었던 것, 느꼈던 것을 곧이곧

대로 쓸 수밖에 없습니다. 추호의 가식이 없이 말입니다. 그래서 저는 이 사람 저 독자에게 썼던 편지를 다른 어떤 장르의 글보다 '사실'이라는 측면에서는 값어치가 있다고 생각하고는 버리지 않고 모아두었습니다. 솔직히 말하건대 책으로 낼 생각은 해보지 못했습니다.

　제 젊은 날의 벗 중에 윤승천이라는 시인이 있었습니다. 윤 시인은 1986년에 박세현·오태환·원재길과 저 네 사람을 포섭하여 '세상 읽기'라는 시 동인을 결성하였고, 다섯 동인은 2권의 동인지만 내고는 각자 살길을 찾아 뿔뿔이 흩어져 갔습니다. 그런데 정확히 20년 만에, 이번에도 윤승천 시인이 연락을 하여 우리는 원주에서 차로 30분은 더 들어가는 벽지에 집을 짓고 사는 원재길의 집에서 회포를 푸는 시간을 가졌습니다. 20년 만에 만난 윤승천 시인은 시인이 아니라 건강신문사 사장이 되어 있었습니다. 전화로는 간간이 안부를 묻기도 했었지만 서울의 지붕 아래 살면서도 만나지 못했던 것은 윤승천이 출판 편집인 혹은 전문 언론인이 되어 있었기 때문입니다. 버스를 타고 오면서 이런저런 얘기를 나눈 윤승천과 저는 서울로 돌아와 저녁식사를 함께 하게 되었습니다. 바로 그 저녁식사 자리에서 그는 자신이 구상하고 있던 '시가 있는 편지'에 대해 이야기를 본격적으로 하는 것이었습니다. 이 책은 이렇게 해서 탄생하게 되었습니다.

다시 말씀드립니다만 편지란 자신의 마음 깊은 곳에 있는 '진심'을 남에게 전할 수 있기에 좋은 것입니다. 저의 진심이 이 책을 읽는 여러분에게 전해지길 바랍니다. 제가 편지를 보냈던 분들, 즉 제 편지의 대상이 되었던 분들에게 일일이 연락 드려 미리 허락 받지 못했던 점에 대해 사과를 드립니다. 편지란 원래 내밀한 것이기에, 책을 통해 만인에게 공개하는 이 일이 부끄럽고 두렵습니다. 하지만 널리 헤아려 주시리라 믿습니다. 제 마음이 어느 날 편지를 통해서 누군가에게 전해졌던 것처럼, 오늘 이 시간 이 책을 통해 또 한번 전해질 수 있으리라는 믿음을 갖고 한 권의 책을 묶습니다.

2017년 6월에
경기도 안성땅 내리에서
이승하 올림.

차례

책머리에·5

📩 제 1 부 아픈 이웃에게

제1신 아침이 오기를 기다리는 그대에게 ···15
제2신 중환자실에 계신 그대에게 ···20
제3신 전동차를 타고 다니는 모든 분들에게 ···26
제4신 집이 철거된 아픈 기억이 있는 분들에게 ···30
제5신 장애아동을 둔 어머니에게 ···36
제6신 추석 귀향 길에 나선 그대에게 ···40
제7신 소년원의 한 아이에게 ···44

📩 제 2 부 생태계 파괴를 근심하는 그대에게

제8신 고향 김천에 있는 친구에게 ···51
제9신 21세기를 함께 살고 있는 동시대인들에게 ···56
제10신 중앙대학교 학생들에게—강의 시간에 ···66
제11신 내 딸 민휘에게 ···70

제 3 부 역사를 바로 알고자 하는 그대에게

제12신 3·1절을 맞는 애국지사의 후손에게	…85
제13신 친일파의 후손에게	…91
제14신 독도에 함께 간 시인들에게	…97
제15신 윤동주 시의 애독자들에게	…101
제16신 이육사문학상을 심사하고 돌아와서, 아들에게	…114
제17신 새벽에 쓴 시, 새벽에 읽다	…121

제 4 부 문학적 스승과 동료, 그리고 독자에게

제18신 정년퇴임을 앞둔 오세영 선생님께	…137
제19신 대구의 시조시인 민병도 선생님께	…145
제20신 울주군 웅촌면 은현리에 살고 계시는 정일근 형께	…156
제21신 하늘나라에 계신 윤사섭 선생님께	…163
제22신 하늘나라에 계신 김강태 형께	…170
제23신 하늘나라로 가신 임영조 선배님께	…174
제24신 후배 전동균 시인에게	…178
제25신 인간적인 시인 윤동재 형께	…185
제26신 황우석 교수님에게	…194
제27신 글을 쓰는 나 자신을 위로하며, 독자에게	…199
제28신 하늘나라로 일찍 간 기형도에게	…204

제 5 부 가족, 그 상처의 기록

제 29신 어머니에게 ···221

제 30신 지훈문학상 시상식장에 와주신 여러분께 ···228

제 31신 아내 혜윤에게 ···243

제 32신 어머니의 부고를 뒤늦게 전하면서 ···251

제 33신 인간에 대한 환멸에서 사랑으로 가는 길 ···257

제 6 부 만나고 싶은 그대에게

제 34신 동시를 모르는 어머니들에게 ···279

제 35신 편지를 쓸 줄 모르는 그대에게 ···283

제 36신 책을 읽지 않는 그대에게 ···289

제 37신 신춘문예 당선을 꿈꾸고 있는 여러분에게 ···294

제 38신 병영의 제자에게 ···301

제 39신 잠 못 이루는 그대에게 ···306

제 40신 전주교도소의 남○○ 형께 ···313

제 1 부

아픈 이웃에게

제 1신

아침이 오기를 기다리는 그대에게

　불면증으로 여러 해 고생한 적이 있습니다. 고등학교를 딱 두 달 다니고 그만둔 뒤 여러 도시를 떠돌면서 불규칙적으로 생활하다 보니 그런 병이 찾아온 것이었습니다. 지금 와서 생각해보니 미래에 대한 불안감도 잠을 못 이루게 한 원인이었던 것 같습니다.
　잠만 못 이룬 것이 아니라 대인공포증·신경성 위궤양·심계항진·빈뇨증 등 신경과 관계가 있는 온갖 병이 찾아왔고, 말까지 심하게 더듬게 되었습니다. 10대 후반부터 20대 중반까지 저는 신경안정제와 각종 진통제에 절어 있었다고 해도 과언이 아닐 것입니다. 병원 의사와의 상담이며 약 처방이 도무지 소용이 없는 10년 가까운 세월이었지요. 대입검정고시에 합격한 뒤에는 대학입시를 준비하긴 했지만 공부는 뒷전이었고, 깊은 잠을 갈망하며 여러 병원을 찾아다닌 세월이었다고 해야 보다 정확한 표현일 것입니다.

저는 그래서 한밤 지새기와 새벽 맞이하기와 아침 기다리기에 달인이 되었답니다. 날이 저물어 밤이 되고, 밤이 지나 새벽이 오고, 노을이 번지면서 아침이 오는 시간대의 변화를 누구보다 잘 알고 있었습니다. 또한 매시간 공기가 어떻게 바뀌는지, 기온이 어떻게 달라지는지, 도시가 어떻게 밝아오는지를 잘 알고 있었습니다. 잠을 못 이루는 밤이면 종종 밤거리를 헤매고 다녔으니까요. 그 시절의 밤 풍경이 저를 추억에 잠기게 합니다. 텅 빈 거리, 차가운 가로등 불빛, 간혹 불빛을 뿌리며 달리는 차량들, 꼭두새벽에 일어나 일하러 나가는 사람들, 한밤중에 퇴근하는 사람들, 허기를 느끼게 하는 포장마차들…….

저는 또한 계절에 따라, 날씨의 변화에 따라 아침이 어떻게 달라지는지 누구보다 잘 알고 있었습니다. 아, 청소부 아저씨만큼은 몰랐겠지요. 하지만 그 도시의 청소부 아저씨들이 언제 일을 시작해 언제 끝마치는가를 잘 알고 있었습니다.

한밤중에 산보를 하다 깜짝 놀라는 경우가 있습니다. 병원 구급차가 요란한 소리를 내면서 달리면 저는 '아, 누가 지금 몹시 위독하구나, 내 불면증 따위는 아무것도 아냐.' 하고 위안을 받고는 했습니다. 낯선 거리를 헤매 다니다가 불빛이 환한 건물을 보고 놀라는 경우도 있었는데,

십중팔구 병원 응급실이나 영안실에서 흘러나오는 불빛이었습니다. 이 세상에는 아픈 사람이 너무나 많은 게지요.

그분들에게 아침의 의미는 남다를 것입니다. 밤사이 죽을 고비를 넘긴 사람에게 아침은 새롭게 시작할 수 있다는 희망의 메시지를 선사합니다. 창문으로 햇살이 조심스레 기어들고, 새소리가 귀에 청아한 멜로디를 들려줍니다. 특히 새소리는 내가 지금 살아 있는 것처럼 당신도 살아 있다고 알려주는 생명의 메시지입니다. 아침이 다가오면 두부 장수의 종소리가 들려오고 신문배달부의 오토바이 소리가 들려옵니다. 청소차가 쓰레기를 치우는 소리도 들려오지요.

창문을 열면 신선한 공기가 확 들어옵니다. 창 밖을 내다보면 나무가 기지개를 켜고 있고 꽃들이 함초롬히 이슬에 젖어 있습니다. 이제 아침이 왔으니 또 하루를 시작할 수 있습니다. 세상 만물을 내 오감으로 느낄 수 있는 이 아침이 얼마나 소중한지, 당신은 아십니까? 살아 있음을 느끼는 아침, 물을 한 잔 마시지 않을 수 없지요. 시원한 물이 식도를 타고 소장까지 한달음에 내려갑니다. 배가 고픔을 느낍니다. 계란을 반숙해 먹어볼까요? 조간신문의 잉크 냄새를 맡고 싶습니다. 제가 최근에 쓴 시 한 편은 아침을 '뜨겁게' 느끼고서 쓴 것이랍니다.

발작이 멎고…… 고비를 넘겼다
밤이 물러가는 것을 확인하고 싶어

창 열고 하늘의 끄트머리를 본다
한 뼘의 하늘이 파들파들 떨고 있다
일찍 일어난 새의 무리가
먼동을 어슬어슬 트게 한다

갈증날 때 마시는 물처럼 차디찬 공기
환호하며 뛰어드는 공기의 입자들
잠든 내 폐포를 낱낱이 일깨우며
생명이 생명인 것을 확인케 한다

머리맡에 있는 몇 송이의 꽃
힘겨운 밤을 함께 넘기느라
고개를 푹 수그리고 있다
돋을볕 들자 네 눈 가득 고인 눈물과
이마 가득 돋아난 땀방울이 반짝인다

다시 시작할 수 있는 아침이다
너와 나의 머리 뒤로 후광이 번지는
이 경건한 아침을 위해
나 이제 기도할 수 있게 되었다

다시 살아난 것이다

―「찬양 아침」 전문

지금 병상에 누워 계신 사랑하는 이여. 그대와 함께 아침을 느끼고 호흡하고 싶습니다. 참고 기다리고 있으면 밤은 물러갑니다. 아니, 밤과 싸우다 보면 반드시 아침이 옵니다. 창조주의 선물인 이 해맑은 아침을 그대에게 선물하고 싶습니다. 하루빨리 병상에서 일어나시길 기원합니다.

제 2신

중환자실에 계신 그대에게

　40대로 접어든 이후부터 주변 어른들의 부음을 자주 접하고 있습니다. 작년과 올해는 가까운 두 분의 대조적인 죽음을 보면서 많은 생각을 하게 되었습니다. 작년에 노 스승은 어느 때부터 의식불명이 되었는데 병원은 각종 현대적인 의료 처치로 그분의 목숨을 반년 이상 연장시켰습니다. 저는 그 동안 면회를 가보지 못했습니다. 가족 이외에는 중환자실에 들여보내 주길 않았고, 면회를 가본들 산소호흡기로 목숨을 이어가고 있는 의식불명의 환자를 말없이 바라볼 따름이었을 테지요.

　정초에는 장인어른이 돌아가셨습니다. 여든여섯 번째 생신을 며칠 앞두고 눈을 감았으니, 천수를 누리고 가셨다고 해야 할까요. 말년에

위장이 안 좋아져 약간의 병원 치료를 받기는 했지만 몇 달 전까지 등산을 다닌 건강한 몸이었습니다. 별 지병 없이, 그야말로 노환으로 눈을 감았기에 장례식장에서 많은 사람들이 호상好喪이라고 했습니다. 가까운 집안 어른의 임종을 처음 겪는 저로서는 저런 죽음이야말로 참으로 인간적인 죽음이라는 생각이 들었습니다. 한 달쯤 죽을 드시다가 임종 일주일 전부터 일체의 병원 처치는 물론 자신의 의지로 곡기와 물을 거부하였고, 임종 몇 시간 전까지도 의식의 끈을 놓지 않고 일가친척의 인사를 받았습니다. 놀라운 일은 물조차 거부한 일주일 동안 여러 차례 배변을 하여 속을 완전히 비웠다는 것입니다. 나도 저런 깨끗한 죽음을 맞이할 수 있을까, 부러움을 느끼게 한 장인의 죽음이었습니다.

치매 예방을 위해 한자 필사를 하루에 몇백 자씩 하고 하루 걸러 꼭 산에 오르면서 다리의 힘을 잃지 않았기에 깨끗한 죽음을 맞이할 수 있었을 것입니다. 그것도 자신의 의지로. 별다른 고통 없이 돌아가신 표정이 내내 그렇게 편할 수 없었습니다. 장인어른은 인간보다는 초인에 가까웠습니다.

장례식 며칠 후 우연히 한 의사의 신문 칼럼을 보게 되었습니다. 92세 할머니가 사망한 상태로 병원 응급실로 실려왔는데, 돌아가시기 전 일주일 동안 음식을 안 드셨다는 것이었습니다. 이 경우는 자연사가 아니라 변사이며, 사망 결과만 보면 노인 학대에 해당되고, 식구들이 노인을 굶겨 죽였다는 것이 그 칼럼의 내용이었습니다. 저는 이 칼럼을 보고 깜짝 놀랐습니다. 내가 최상의 죽음이라고 여긴 그 죽음의 길이 바로 '노인 학대'이고 '굶어죽게 한 것'이라니!

　의사라면 응당 92세 할머니를 두고서도 "최소 몇 달은 더 살 수 있었을 것이다"란 말을 할 수 있을 것입니다. 그러나 제 생각은 조금 다릅니다. 인간에게는 자신의 존엄을 지키며 죽어갈 권리도 있는 것이 아닐까요. 아마도 그 할머니는 사망 전 일주일 동안 음식을 먹고, 소화시키고, 배설할 능력을 발휘할 수 없었을 것입니다. 직접 눈으로 보지는 않았지만 그 할머니의 죽음은 변사가 아니라 자연사였을 것입니다. 그런데 유가족한테 이런 죽음은 영양실조에 의한 변사로 봐야 하니까 변사는 일종의 타살이지요 시체검안서가 나가야 한다고 말하면 기절초풍할 노릇이 아니겠습니까.

　92세 할머니의 몸이 편찮은 것은 당연한 일입니다. 그런 할머니의 목숨을 몇 달 연장시켜 드리기 위해 링거 주삿바늘과 산소호흡기를 몸에서 떼지 않는 것이 옳다고 말하는 사람이 있다면 저는 반대하고 싶습니다. 사람이 늙어 기력이 쇠하여 죽는 것을 의학의 힘으로 몇 달 연장하는 것이 무슨 의미가 있느냐고.

　임종을 돌보는 호스피스에 대한 예우가 언론에서 거론되고 있습니다. 병원에서 호스피스의 도움을 받으며 임종을 맞이하는 환자는 사망 인구의 5%밖에 되지 않는다고 합니다. 호스피스를 양성하는 교육 시스템이 정비될 필요가 있습니다. 호스피스 또한 자신의 일에 보람을 느낄 뿐 아니라 경제적 안정도 취할 수 있도록 처우를 확실히 해주어야 합니다. 이와 아울러 가장 중요한 것은 임종을 앞둔 이가 병원이 아닌 자기 집에서, 마음이라도 편안한 상태에서 숨을 거둘 수 있도록 해주어야 한다는 것입니다. 제가 만약 노환으로 숨을 거두게 된다면 병원에서 몇 개월 목숨을 연장하느니 집에서 숨을 거두고 싶습니다. 곡기도 끊고 물도 거부하면서 내 죽음의 주인이 되고 싶습니다. 이런 마음으로 한 편의 시를 써보았습니다.

회복 불가능한 말기암 환자의 외침이
옆방에서 들려온다 모르핀을 놔줘
아예 날 죽여줘

죽을 목숨들이 끈질기게 살아가는
여기 호스피스 병동에서
사지가 멀쩡하단 것은 수치羞恥다
줄어드는 링거 병을 바라보며
꺼져가는 삶의 불씨들을 바라보며
남들의 남은 목숨을 헤아리면
내 마지막 모습을 떠올리게 된다

새벽이 오기 전에 꼭 한번은 경련하는 별

죽음을, 어떻게 살고자 해야 하는가
삶이란, 쉴 사이 없이
남의 죽음을 지켜보는 과정

밤의 의미를 되새기며 죽어가는 별이 있다고 하여
누가 그 무수한 별의 아픔을
나눌 수 있으랴
대신할 수 있으랴
아프니까 아프다고 호소하는 사람들
아프니까 죽여달라고 애원하는 사람들

한번 지독하게 아파본 사람은 알리라
새벽 동이 트기까지가
얼마나 가파른 길인가를
그 희미한 빛이
얼마나 가슴 벅찬 메시지인가를
여기서 생명 연장의 꿈은 부질없는 것

하반신이 마비된 어느 별은 아무 말 없이
버틸 때까지 버틴다

소원은 단 하나

집에서,

죽고,

싶다는 것

—「호스피스 병동의 밤」 전문

제 3신

전동차를 타고 다니는 모든 분들에게

저는 이날 이때껏 운전을 배우지 못했습니다. 기계 만지는 일을 워낙 겁내는 데다 길눈이 지나치게 어두워 운전 배우기를 무서워한 탓입니다. 천성적으로 겁이 많아서 사고를 내면 어떻게 하나, 두려움이 앞서 배우지 못한 면도 있습니다. 운전을 하다가 무슨 일이 생겨 못하게 되었다면 불편을 느끼겠지만 운전대를 아예 잡아본 적이 없는 저는 큰 불편을 못 느끼며 살아가고 있습니다.

낯선 곳을 가고자 할 때 지하철 표시가 보이면 반가운 마음으로 내려가 전동차를 탑니다. 이 교통수단이 있는 것이 얼마나 고마운지 모르겠습니다. 전동차는 제 자가용인 셈입니다. 아니, 운전기사가 딸린 고급

승용차입니다. 운전을 못한다는 이유말고 제가 전동차를 이용하는 또 다른 이유가 있습니다. 사람살이의 적나라한 모습을 전동차만큼 확실히 보여주는 곳도 없기 때문입니다.

전동차 안에서 책 읽는 사람이 눈에 잘 뜨이지 않습니다. 신문을 보면 봤지 책을 읽고 있는 사람은 드뭅니다. 요즘엔 정말 많은 사람이 휴대전화를 꺼내 들고 문자 메시지를 보내거나 확인하고 있습니다. 그렇지 않으면 그 좁은 화면을 보며 게임을 하고 있습니다. 이어폰을 귀에 꽂고 음악을 듣고 있는 승객도 꽤 되고 화면을 보고 있는 사람도 점점 늘고 있습니다. 웹툰과 웹소설을 보거나 TV프로를 보기도 하지요.

꼴불견인 사람들이 있습니다. 차량이 찌렁찌렁 울릴 정도로 큰소리로 휴대전화를 받는 사람, 바짝 붙어 서서 서로를 애무하는 청춘 남녀, 껌을 딱딱 씹는 승객, 자리를 양보하지 않는다고 젊은이에게 큰소리를 치는 노인, 얌체처럼 행동하여 재빨리 자리를 차지하는 아주머니, 장난치거나 떠들어대는 아이들을 방관하는 보호자 ······. 우리나라가 동방예의지국이라고 하지만 연세 드신 분이 젊은이에게 일부러 자는 척한다며 호통을 치는 장면을 목격할 때는 기분이 씁쓸해집니다. 경로석이 따로 있고, 젊은이는 젊은이대로 피곤하여 눈을 잠시 붙이고 있을 수도 있는데 죄인 취급할 때는 젊은이를 두둔하고 싶습니다. 저는 귀가 얇아 외판원이 파는 물건을 잘 사는 편인데, 쓸 만한 물건을 구입한 경우가 별로 없습니다. 요즈음에는 단속을 하여 외판원들이 예전처럼 많이 보이지는 않습니다.

　간혹 흐뭇한 일을 목격할 때도 있습니다. 계단을 급히 내려가다 고꾸라져 발목을 뺀 중년사내를 업고 병원을 찾아 나서는 젊은이, 막차 종점 근처에서 잠든 청년을 깨워주는 아주머니, 방향을 잘못 잡아 탄 시골 노인네에게 친절하게 가는 방법을 가르쳐주는 아가씨, 떠들어대는 아이를 내버려두는 주부에게 잘못 가르치고 있음을 지적하는 중년 사내, 초라한 외국인 근로자에게 자리를 양보하는 청소년, 손녀 또래의 아이가 너무 귀여워 말을 붙이며 행복해하는 할머니, 어깨에 기대어 잠든 학생의 무게를 견디는 초라한 사내, 수화로 대화를 나누는 젊은이들……. 우리는 모두 이 어려운 시대에 어깨를 맞부딪치며 살아가는 동시대인인 것입니다. 어느 날 지하도로 내려가는 계단에서 목격한 일이 한 편의 시가 되었습니다.

　　　지하 세계로 내려가는 계단
　　　계단 옆에 설치되어 있는 기계가 고장났다
　　　가파른 삶
　　　지나가던 사람이 그를 업었다
　　　덜렁거리는 두 발
　　　다른 두 행인이 빈 휠체어를 들었다
　　　휠체어를 밀어주던 늙은 어머니

네 사람 뒤를 따라가고 있다

햇볕이 지하도 깊숙한 데까지

따라 내려가고 있다

―「지하도 계단을 내려가는 다섯 사람」 전문

   바람직한 지하철 문화를 만들기 위해 우리 모두 노력해야 합니다. 이때 가장 먼저 생각해야 할 것은 공공장소에서 남에게 피해를 주지 말아야 한다는 공중도덕의식입니다. 내 복장이 남에게 피해를 줄 수도 있고, 식후에 양치질하지 않은 것이 남에게 피해를 줄 수도 있습니다. 이웃에 대한 관심과 배려를 실천할 수 있는 곳이 바로 전동차 안입니다. 다른 곳에서는 맛볼 수 없는 이런저런 즐거움 때문에 아마도 저는 몸이 자유로울 동안에는 전동차를 애용할 것입니다.

제 4신

집이 철거된 아픈 기억이 있는 분들에게

코딱지만 한 단칸방 가득 피어나던
따습던 저녁이 없다
오랜만에 걸어보는 길
희미한 외등만이 비추는 철거지는
여남은 집 어깨 나란히 하고 오순도순 살던 곳
쌀 한 됫박 연탄 한 장 빌리러 갚으러 가서
절절 끓는 아랫목에 발 집어넣던 곳
한글 막 깨친 아이 하나
밥상 위에 턱 괴고 앉아 소리 높여 글 읽던 곳

희미한 외등 따라 내 그림자 길게 늘어져

고단한 생의 흔적이 말끔하게 지워진 길

한 발 두 발 내 구두 소리만 흥얼댄다

일가족 칼잠으로 누웠던 머리맡

책 읽던 아이 책 잠시 덮고

그 위에 더운 국 한 그릇 차려지던

밥상을 밟으며 간다

차 조심해라 선생님 말씀 잘 들어라

그 아침의 당부와 언약을 밟으며 간다

—최영철, 「철거지를 지나며」 전문

1986년 한국일보 신춘문예에 「연장론」으로 등단한 최영철 시인은 제1시집 『아직도 쭈그리고 앉은 사람이 있다』, 제2시집 『가족사진』, 제3시집 『홀로 가는 맹인악사』를 거쳐 제8시집 『호루라기』문학과지성사에 이르러 있습니다.

시를 쓰는 스타일이나 기법은 미세한 변모를 거듭해 왔지만 시정신이랄까 시세계랄까 하는 것은 예나 지금이나 일관된 흐름을 유지하고 있는 듯이 보입니다. 「연장론」은 이렇게 끝납니다.

몽키 스패너의 아름다운 이름으로
바이스 플라이어의 꽉 다문 입술로
오밀조밀하게 도사린 내부를 더듬으며
세상은 반드시 만나야 할 곳에서 만나
제 나름으로 굳게 맞물려 돌고 있음을 본다

그대들이 힘 빠져 비척거릴 때
낡고 녹슬어 부질없을 때
우리의 건강한 팔뚝으로 다스리지 않으면
누가 달려와 쓰다듬을 것인가
상심한 가슴 잠시라도 두드리고
절단하고 헤쳐놓지 않으면
누가 나아와 부단한 오늘을 일으켜 세울 것인가

  몽키 스패너 바이스 플라이어 같은 연장은 장삼이사의 객관적 상관물입니다. 연장 그 자체야 볼품이 없지만 그것들이 힘을 모아 집을 만들고 부단한 오늘을 일으켜 세웁니다. 연장들이 각기 제 나름으로 굳게 맞물려 돌고 있음으로써 세상은 반드시 만나야 할 곳에서 만나는 것입니다. 시인은 이 세상에 실제적으로 쓰임새 있는 자들이 누구인가를 물었습니다. 부와 명예, 권력을 가진 자들인가요, 아니면 연장의 역할을 하는 장삼이사인가요.

　주로 변두리 지역에서 살아가면서 상대적 박탈감에 시달리면서도 이웃과의 유대를 통해 제각각의 상처를 치유하며 살아가는 이 땅 장삼이사들의 애환을 최영철만큼 잘 다루는 시인이 또 있을지 모르겠습니다. 사실, 못 가진 사람들끼리 더욱더 정을 나누며 살아갑니다. 대도시의 고층아파트 단지나 이른바 부자동네라는 데서는 이웃을 사귀기가 쉽지 않습니다. 타인을 경계하지 않으면 무시하고 살아가는 가진 자들에 비해 최영철 시의 등장인물들은 이웃간에 정이 도탑습니다. 그래서 최영철의 시를 읽다 보면 이 세상에 아직도 온기가 남아 있음을 알게 됩니다.

　전문을 인용한「철거지를 지나며」도 그렇습니다. 지금은 철거되고 없는 무허가 건축물들, 그곳에서 어떤 사람들이 살았는가요. 쌀 한 됫박 연탄 한 장 빌리러 가서, 또 갚으러 가서 절절 끓는 아랫목에 발 집어넣을 수 있었던 곳이 바로 철거지입니다. 이웃사촌이 왔는데 그냥 보낼 수 없는 것이 그곳의 인심이었습니다. 방이 따뜻하니 몸이나 녹이고 가라고 한사코 이끌어서 절절 끓는 아랫목에 발을 넣고 오순도순 이야기를 나눈 사람들이 도시계획에 밀려 뿔뿔이 흩어짐으로써 그곳은 철거지가 되고 말았습니다. 그 당시 그곳에서 살았던 사람들의 정이 못내 그리워 시인은 이 시를 썼을 것입니다. 거기서는 그때, 정말 그랬습니다. 일가족이 칼잠으로 누웠던 머리맡에 책 읽던 아이의 책이 잠시 덮이면 그 위에 더운 국 한 그릇이 차려지곤 했었지요. 안방이 침실이요 아이들 공부방이요 주방이었던 것입니다. 시인은 제1시집의 제목으로 삼은 「아직도 쭈그리고 앉은 사람이 있다」에서 냄새 지독한, 그나마 자기 차례를 기다려야 사용 가능한 공중 화장실에 아직도 쭈그리고 앉아서 일을 보는 사람들이 있음을 잊지 말아야 한다고 말했습니다. 제5시집의 제목으로 삼은 「일광욕하는 가구」는 홍수에 젖은 세간을 내다놓고 말리고 있는 가난한 사람들의 딱한 처지를 형상화한 작품입니다.

 최영철이 그리는 초상화의 주인공은 이처럼 거의 언제나 서민입니다. 집 앞 개울에서 요강을 씻는 사람들, 시들어가는 호박잎 한 다발을 사고는 횡재했다고 생각하는 사람, 월 5천 원 회비를 못 내 자동납부 시스템을 욕하는 화자, 열일곱 엄마 아빠와 열여덟 엄마 아빠가 낳은 아기들, 한겨울 호수 얼음판 난전에 좌판을 벌인 노점상, 시장 바닥에 엎드려 동냥하는 장애인, 뒷방에 앉아 오줌을 참고 있는 호프집 바깥양반, 함안군 대산면 대암부락 외가에 주인 허락도 없이 들어와 사는 사람, 남편 산소에 가서 새똥 흘러내린 비석을 손바닥으로 닦는 여인…….

 이런 사람들에 대한 따뜻한 연민의 시선이 최영철의 일관된 시세계라고 생각합니다. 이번에 낸 시집의 제목은 '호루라기'인데, 이 제목의 시 마지막 5행을 봅니다.

  호루라기 이제 설레는 아이들의 가슴에 있지 않고

무허가 냉방 빗물 떨어지는 비닐 하꼬방에 있네
자식 가고 영감 할멈 먼저 가고 덩그러니 남은
한 많은 세월의 대못 자리 위
사지를 늘어뜨리고 있네

　어린아이들의 전쟁놀이에 유용하게 쓰이기도 했던 호루라기가 지금은 "무허가 냉방 빗물 떨어지는 비닐 하꼬방"에 있습니다. "한 많은 세월의 대못 자리 위"에서 사지를 늘어뜨리고 있기도 합니다. 이 두 공간은 최영철 시세계 전부의 공간이라고 해도 크게 틀린 말이 아닐 것입니다. 그런데 이 두 공간이 꽤 협소하다는 느낌이 드는 것은 왜일까요. 이번 시집에서 만난 조금 특이한 사람으로는 자신의 시 창작 수업을 듣는 베트남 학생, 비전향자로 사십 년을 살아온 사람, 점령군이 던진 빵 조각을 씹고 있는 두 다리 잘린 소녀가 있습니다. 언론 보도를 통해 알게 된, 윌슨병 앓는 아들의 부탁을 받고 목을 졸라 죽인, 같은 병을 앓는 오십대 아버지도 나옵니다. 자신의 생활 주변에서 직접 보고 듣고 느낀 것들 외에 앞으로는 이와 같이 시야를 좀더 넓히는 시도를 해보는 것이 어떨까 하는 바람을 가져봅니다. 가난한 서민의 애환을 보듬는 것도 중요하지만 시인의 시세계가 조금만 더 넓어지기를 제가 바라는 것은, '민중시'라는 것이 21세기인 지금도 여전히 유효함을 말해주는 몇 안 되는 시인 중의 한 사람이 최영철이기 때문입니다.

제 5신

장애아동을 둔 어머니에게

　몇 년 전 일입니다. 간호조무사 몇 사람이 신생아를 마치 장난감인 양 이래저래 갖고 놀며 장난을 쳤습니다. 장난을 치면서 사진을 찍어 자기네들 사이월드 홈페이지에 올렸다가 네티즌들의 따가운 질타를 받았지요. 다소 엽기적인 사진이 인기를 끄는 것을 아는 이들은 조회 수를 늘여보겠다는 속셈으로 홈페이지에 별 생각 없이 그 사진들을 올린 모양입니다. 간호조무사들이 아동학대를 의도적으로 하지는 않은 것 같았고, 아기들을 장난감 삼아 갖고 놀았다고 여겨졌습니다. 하지만 재미 삼아 찍은 사진은 수많은 사람의 분노를 샀고, 그들은 구속까지 되었습니다.

이 사건은 우리에게 두 가지를 시사해줍니다. 하나는 아기들이 귀엽다고 하여 장난의 대상으로 삼아서는 안 된다는 것입니다. 외국에서는 아기들에 대한 인권 침해가 발각되면 엄벌에 처한다고 합니다.

또 한 가지는 사이월드 홈페이지의 조회 수가 무엇이기에 그런 사진을 경쟁적으로 올려야 하는가 하는 문제입니다. 장난의 대상이 된 아기 사진을 본 네티즌들의 분노가 일파만파로 번지고 언론에서도 집중 보도하자 수많은 간호사, 간호조무사들이 아기 사진을 자기 홈페이지에서 지우는 일대 소동이 벌어졌다고 하지요. 블로그니 사이월드니 하는 인터넷 사이트가 건전한 정보문화를 선도하지 못하고 그저 말초적인 감각에만 호소한다면 순기능은 점점 약해지고 악기능만 커질 것입니다. 우리 옛 어른들은 아기를 어떻게 키웠을까요? 저는 『민중 엣센스 국어사전』민중서림, 1999년판에서 이런 낱말들을 찾아낸 적이 있습니다.

얼뚱아이 : 둥둥 얼러주고 싶은 재롱스러운 아기.

우지 : 걸핏하면 우는 아이.

아망 : 아이들이 부리는 오기.

투레질 : 젖먹이 아이가 두 입술을 떨며 '투루루' 소리를 내는 짓.

시장질 : 어린애를 세워 두 손을 잡고 앞뒤로 밀었다 당겼다 하는 짓.

부라질 : 젖먹이의 두 겨드랑이를 껴서 붙잡고 좌우로 흔들며 두 다리를 번갈아 오르내리게 하는 짓.

가동질 : 어린애의 겨드랑이를 치켜들고 올렸다 내렸다 할 때, 아이가 다리를 오그렸다 폈다 하는 짓.
눈자라기 : 아직 곧추 앉지 못하는 어린아이.
물똥싸움 : 손이나 발로 물을 서로 끼얹는 아이들의 물장난.
놀소리 : 젖먹이가 혼자 누워 놀면서 내는 군소리.
나비잠 : 갓난아이가 두 팔을 머리 위에 벌리고 자는 잠.

이런 순우리말로 된 낱말만 보아도 옛 어른들의 아기 사랑을 충분히 알 수 있습니다. 저는 이런 고운 우리말을 모아서 시를 한 편 썼습니다. 어린이날을 보내고 난 이 시점에, 여러분께 시를 한 편 선물합니다. 아래 시의 제목은 「아파하면서 자라는 나무—세상의 모든 장애아동에게」입니다.

아기 아기 얼뚱아기
잘도 웃고 잘도 우네
웃을 때는 까르르르
어른들이 따라 웃고
울 때는 응애응애
어른들도 울고 싶네

우지 우지 울지 말고
아망 아망 참지 마라
슬플 때는 슬퍼하고
아플 때는 아파하렴
노는 모습 어화둥둥 너무 예쁘고
자는 모습 둥기둥기 더욱 귀엽네

아기 아기 얼뚱아기
잘도 웃고 잘도 우네
투레질로 힘 기르고
시장질로 쑥쑥 커라
부라질로 일어서고
가둥질로 걸어가라

눈자라기 우리 아기
물똥싸움 잘도 놀면
놀소리가 듣기 좋아
온 세상이 다 잠깨고
나비잠이 보기 좋아
온 세상이 다 잠드네

제 6신

추석 귀향 길에 나선 그대에게

안녕하십니까? 여러분은 무슨 선물을 준비하셨습니까? 이번 추석 귀향 길은 좀 덜 고생스러웠으면 좋겠습니다. 저는 매일 아침 신문을 읽을 때, 빠뜨리지 않고 보는 난이 있습니다. 부고를 알리는 난입니다. 간혹 제가 존함을 아는 이가 그 난을 장식하기도 하지만 대개의 경우 전혀 모르는 이의 이름과 유가족 이름이 그 난에 나와 있습니다. 왜 하루를 시작하는 아침 시간에 그런 궂긴 소식을 꼭 보느냐구요? 그것은 제 이름도 언젠가 그 난에 나올 수 있기 때문입니다.

중요한 것은 오늘 하루입니다. 아침 혹은 새벽에 시작되는 오늘 하루를 과연 나는 성실하게 살아갈 것이냐, 양심대로 살아갈 것이냐, 좋은 일을 하며 살아갈 것이냐를 저는 그 난을 보면서 잠시나마 생각하는 것입니다. 때가 되면 다 이분들처럼 죽어버릴 저 자신인데 불성실하게, 양심 불량으로, 남을 괴롭히며 산다면, 그 하루의 저는 죽은 목숨이며 산 주검인 것이지요.

저는 죽게 되면 화장을 해달라고 유언을 할 것입니다. 죽어서도 지상에 땅 몇 평을 차지하고 있을 만큼 대단한 생을 살 자신이 없습니다. 무덤 앞에 시비를 세워 후학의 추앙을 받고 싶은 마음도 전혀 없습니다. 제가 쓴 시가 시비에 새겨질 만큼 불후의 명작이 될 거라는 생각도 해본 바 없습니다. 국토의 몇 퍼센트가 묘지이고 그 면적이 점점 더 늘어만 간다는데, 묘지 공화국을 만드는 데 저까지 참여하고 싶은 생각 또한 추호도 없습니다.

병원 중환자실에 면회를 갔다가 숨을 막 거두고 있는 환자를 본 적이 있습니다. 얼굴을 보니 넋은 이미 나가 있었고, 가쁘게 숨을 헐떡거리며 최후의 순간을 맞이하고 있는 것이었습니다. 가족의 오열 속에 막 숨을 거두는 그 환자의 모습은 언젠가 맞을 지상에서의 제 마지막 모습이었습니다. 그래서 이런 시를 써보았습니다.

내 죽는 날이 겨울날이라면
그 해 들어 가장 많은 눈이 내리는 날
허허벌판 아무데나 누워 눈 펑펑 맞으며

마지막 숨 헐떡거리고 싶다

내 죽는 날이 가을날이라면
끝간 데 없이 별이 열리는 날
수확기의 들판 아무데나 누워 밤하늘 바라보며
무한 천공의 별들에게 내 부고 전하고 싶다

내 죽는 날이 여름날이라면
긴 장마의 절정 장대비 퍼붓는 날
흙탕물 아무데나 누워 매맞듯이 비 맞으며
내 육신 대자연에 수장시키고 싶다

내 죽는 날이 봄날이라면
달도 별도 안 보이는 칠흑의 밤
물오르는 대지 아무데나 누워 땅기운 느끼며
붉은 흙 더 기름지게 썩어가고 싶다

—「임종 장소를 찾아서」전문

 뒷동산 같은 데 올라가 보면 벌초를 잘 해둔 묘보다는 잡풀을 잔뜩 이고 있는 묘를 보는 경우가 훨씬 많습니다. 후손이 잘 돌본 묘는 눈에 잘 뜨이지만 무덤인 듯 아닌 듯한 봉분은 눈에 잘 안 뜨이지요. 산을 개간해 밭을 만드신 아버지께서는 산 곳곳에 버려진 무덤들을 그렇게 안타까워하십니다. 버려진 무덤은 점점 평평해져, 대지와 수평을 맞춰갑니다. 봉긋 솟은 봉분보다는 평평한 땅이 더욱 자연에 가까운 모습이 아닐까요?

'가문'과 '조상'의 개념이 희박해진 오늘날이라 증조부, 고조부의 묘만 해도 안 돌보게 됩니다. 50년만 지나면 버려질 무덤을 왜 만들어 국토를 훼손시킵니까. 무덤 또한 집착일 것입니다.

무욕의 마음이 시심일 터인데, 욕심의 탑을 쌓고 있으니 큰일입니다. 그래서 저는 아침마다 신문지상의 부고 난을 보면서 자성하고 결심하는 것입니다. '어차피 내가 반드시 가야 할 길이 황천길이다. 오늘 하루 어떻게 사느냐가 중요하고, 내일 어떻게 죽느냐가 똑같이 중요하다.'

저는 이 둘이 별 차이가 없다고 생각합니다. 정말 성실하게, 양심대로, 선업을 쌓으며 산다면 죽음의 순간이 와도 담담하게 죽을 수 있겠지만 자신만을 위해 욕망하고 집착하며 살아왔다면 죽음을 억울해 하거나, 죽음을 화려하게 치장하려 들 것입니다. 훌훌 털고 가는 저승길이 아름다울 수 있도록 오늘 하루를 더 열심히 살고 싶습니다.

모처럼 내려가셨을 고향, 오랜만에 뵌 어르신네들과 행복한 시간 듬뿍 갖고 귀경하시기 바랍니다.

제 7신

소년원의 한 아이에게

별에게

잘 지내고 있니? 너를 마지막으로 본 것이 2015년 11월 26일이었지. 네가 있던 법무부 산하 고봉중·고등학교는 사실 소년원이지. 그날 시낭송회 및 시화전이 있어서 나는 경기도 안양에 있는 그 학교에 가서 손바닥이 아프도록 박수를 치고 왔지만 그날 이후 너나 네 친구들의 소식을 들을 수는 없었다. 지금이 2017년 5월이니까 아마도 대다수 친구들이 그곳을 떠나 집으로 돌아갔을 것이다. 사고를 치고 새로 온 아이들이 그곳에 들어가 있을 것이고.

너희들의 시를 모아 만든 시모음집 『씨앗을 심는 아이들』을 보니 네가 쓴 소감문에 내 이름이 나와 있네. 나한테 잘 배웠다고 하니 반갑고 고맙더라.

저는 올해 초반기부터 지금까지 시치료 교육을 받았습니다. 처음에 책을 읽고 시를 써볼 때는 내가 이런 것을 왜 하나 생각을 했는데 내가 쓴 시가 점점 많아지고 그 내용들을 보니 '내게도 이런 점이 있구나' 하는 것을 느끼게 되었고, 다른 사람들과 어울려서 이런 프로그램을 해보니 색다르기도 했습니다. (중략) 시치료에서 유명한 이승하 교수님도 불러주셨는데, 이런 기회가 흔치 않을 것 같아서 수업도 귀 기울여 잘 들었습니다. 프로그램을 하며 제가 조금이나마 바뀐 것 같고 좋아진 걸 느꼈습니다. 이런 프로그램을 해주셔서 정말 감사합니다.

'별'을 니네임으로 쓰는 너의 소감문을 읽고 얼마나 기분이 좋던지. '짜식, 내 성의를 알아주니 기특한걸', 그렇게 생각했지. 한창 더울 때 세 차례 보고 온 너희들, 한동안 눈에 밟혀 애를 먹었다. 머리를 모두 박박 깎고 있었고, 몇 명은 온몸에 문신을 해 어지러웠고, 덩치가 이미 어른인 녀석⋯⋯. 네가 쓴 시를 보았다.

가족은 톱니바퀴와 같다

> 톱니바퀴 하나에 문제가 생기면
> 전부 돌아가지 못하듯이
> 가족은 서로 이해하며 돌아가는
> 톱니바퀴와 같다

아, 가족이 이런 걸 그곳에 가서야 알게 되다니 한심하다 한심해. 지금 너는 가족의 품으로 돌아가 공부를 하고 있겠지. 대학에 들어갔을 수도 있겠다. 그곳에서 너는 "아빠의 마음이/ 더 이상 힘들지 않게 해 드리겠습니다"라고 쓰기도 했고 "언제나 기댈 수 있는 버팀목 같은 가족"이라고 쓰기도 했지.

별아! 가족이란 그런 게 아니겠니? 그런데 너는 부모님의 가슴에 못을 쾅쾅 박았지. 소년원에서나마 후회하고 반성했기에 그런 시를 쓴 것이겠지. 인간은 누구나 실수를 하게 마련이지만 진심으로 뉘우치고 새 출발을 하면 신도 용서해 주실 거야.

너는 앞으로 어떻게 살고 싶니? 대학을 나오고, 회사에 취직하고, 집도 마련하고……. 그 무엇보다 중요한 것이 가족이라는 것을 너는 그곳에서 뼈저리게 느꼈을 것이다. 너도 방황을 많이 한 것 같은데, 나도 가출을 몇 번 하느라 고등학교를 못 다녔단다. 그래서 너희들을 보면 안쓰럽고 미안하다. 이제는 가족이 다 모여 살면서 정을 나누고 싶은데 부모님은 다 돌아가시고 동생은 입원해 있고…….

시를 써보니 어떻더냐? 마음이 좀 정화되지? 온갖 괴로움과 외로움을 시를 쓰면서 달랠 수 있을 때, 너는 이미 시인이 된 거야. 공부든 시 쓰기든 열심히만 하면 좋은 일이 있을 거야. 잘되리라 믿는다. 안녕!

제 2 부

생태계 파괴를 근심하는 그대에게

제 8신

고향 김천에 있는 친구에게

추석 명절을 쇠고 올라온 내 마음이 무척이나 착잡하다. 네가 들려준 이런저런 이야기가 가슴을 짓누르고 있기 때문일 거야. 우리 고향 김천은 작년2002년에 수해가 나 많은 사람이 목숨을 잃었고 재해 지역으로 선포되었던 곳이지. 올해는 다행히 수해까지는 나지 않았지만 비가 너무 자주 와 농산물 작황이 영 안 좋다고 아버지가 말씀하시더구나. 아버지의 일터인 밭으로 가는 길에 이웃 과수원을 지나는데 배들이 땅에 꽤 많이 떨어져 있었다. 두 아이와 조카와 함께 고구마를 캐다가 너무 잘아 그만두고 호박만 몇 개 따왔다.

추석날 오후 늦게 올라왔는데 바로 그 다음날 밤부터 태풍 매미가 고향을 강타했고, 아버지의 깨밭과 고추밭, 이웃 과수원은 엉망이 되고 말았다. 김천의 피해는 아무것도 아니더군. 120여 명 사망·실종에 147만 가구 정전 사태, 주택 침수 2100여 채, 농경지 침수 2만3천㏊, 원자력발전소 다섯 곳 가동 중단, 도로·교량 104개소 무너짐……. 부산항만의 대형 크레인 11기가 처참하게 쓰러져 있는 광경은 이번 태풍의 위력을 상징적으로 보여준다.

태풍은 농민의 가슴을 할퀴고 지나갔다. 수확기의 일조량 절대 부족으로 전국 농민의 얼굴에 수심이 가득하던 차에 농경지 침수 2만3천㏊라니 피해를 본 분들은 억장이 무너질 일이다. 그렇지 않아도 지난 10일, 세계무역기구WTO 각료회의가 열리고 있는 멕시코 칸쿤에서 전 한국농업경영인중앙연합회 회장 이경해 씨가 자살했다는 언론 보도에 마음이 무겁던 터였다. 농민들은 시장 개방을 저지하려고 먼 멕시코까지 가서 자살한 이경해 씨의 소식에 가슴을 쓸어 내렸을 것이다. 그 소식에 놀란 가슴을 진정하기도 전에 폭우를 동반한 초속 60m의 태풍이 집을 쓸어가고 논밭을 물에 잠기게 했다. 도시인인 내가 이 땅의 농민들에게 무슨 말로 위로를 해드릴 수 있으랴. 위로의 말 대신 내 생각을 정리해본다.

고향 역에 내려 택시를 탔는데 기사분이 하신 말씀이 잊혀지지 않는다. 그분의 집도 작년에 홍수 피해를 톡톡히 봤다고 한다. 대피해 있다가 물이 빠져 집에 가보았더니 텔레비전과 냉장고까지도 쓰러져 있더라는 거야. 가구를 다시 쓰려고 물청소를 했지만 마르면서 뒤틀려 몽땅 내버린 탓에 특별재해지역이라고 나온 200만 원은 쓸 곳도 없었다고 해. 다른 지역의 하루 벌어 하루 먹고사는 사람들은 어땠을까, 그 사정을 기사는 안타까워했다. 이것은 정말 감동적인 '민심'이었다. 광주 어디의 교회 사람들이 와서 자원봉사를 해주었는데 라면이라도 끓여 드시라고 휴대용 가스버너까지 주고 갔다며 그분들의 고마움은 말로 표현할 수가 없다고 한다. 올해도 복구의 삽질은 이웃의 손으로 이루어질 것이다. 아름답지만 슬픈 현실이다.

　태풍은 거의 해마다, 또 거의 매번 일본을 거쳐서 온다. 그런데 이번 태풍의 경우 일본의 피해는 우리만큼 크지 않았다. 정확한 외신인지는 모르겠지만 사망자가 1명이라고 하던가. 정부 당국에서 재해 예방 조치에 만전을 기했더라면 태풍 피해를 최소화할 수 있었을 것이다. 아니나 다를까 이번에도 신문에는 '송전탑 붕괴는 인재'라는 제하에 "감사원 보강 조치 요구에도 조치 안 해"라는 내용의 기사가 실렸다. 주민 대피 명령을 제때 내리지 않아 사망자 수가 늘었다고 하니 참으로 가슴아픈 일이다. 앞으로는 재난이 났을 때 '인재'라는 표현이 등장하지 않기를 국민의 한 사람으로서 간절히 바라지만 과연 그럴 수 있을까. 국회의원과 공무원 등 이른바 나라의 녹을 먹는 분들이 자기 직분을 다한다면 천재지변의 피해도 웬만큼 줄일 수 있을 것이다.

　정치권은 지금 상호 비방, 고소 고발, 신당 합류 등으로 어지럽기 짝이 없다. 정치인들은 정쟁을 그만두고 국민을 위로하고, 국론을 모으고, 농촌 해체를 걱정해야 한다. 그 무엇보다 가슴에 큰 상처를 입은 농어민들에게 일시적인 복구와 보상이 아닌 근본적인 대책을 세워주어야 이번 피해의 상처도 조금이나마 치유될 수 있을 것이다. 세계화니 국제화니 하는 명분론 지지를 하다 WTO의 철퇴를 맞았고, 농민은 지금 절망하고 있다.

  이번 한가위를 맞아 우리는 또 한번 민족의 대이동을 했다. 가족을 오랜만에 만난 기쁨은 잠시뿐이었고 우리 모두 가슴에 큰 상처를 지니게 되었다. 상부상조의 정신, 혹은 두레정신으로 빨리 이 상처를 치유하도록 하자. 내가 어렸을 때 무릎을 다치면 할머니가 된장을 발라주셨는데 이상하게도 효과가 있었다. 지금은 이 세상에 안 계신 할머니의 두툼한 손마디가 오늘따라 더욱 그립구나. 여러 해 전에 썼던 시 한 편 동봉한다.

    고향에 내려왔다 처처에 빈집들
    밭이 된 논들과 황무지가 된 밭들
    푸근하지도 넉넉하지도 않은 땅 한 컨
    남면 갈항사지 오봉동 석조 석가여래 좌상은
    아직도 미소를 띠고 있으나 누가 아직도
    미소 띤 얼굴로 들녘에 서 있는가

들녘 곳곳에, 도로변에, 마을 안길에

벌렁 드러누워 있는 폐농기계들 시커멓게

땅과 함께 썩어 내 고향을 천천히 썩게 할 뿐

산간 고지에, 밭두둑에, 마을 곳곳에

무수히 흩어져 있는 폐비닐과 빈 농약병들

끝끝내 땅과 함께 썩지 않아

내 고향을 죽이고 있을 뿐

폐가가 늘고 있는데

폐교하는 학교가 늘고 있는데

해마다 김천시민이 2천 명씩 줄고 있는데

떠나가는 농촌에서 돌아오는 농촌으로 만들겠다는

신농정계획을 가만히 귀기울여 듣고 있는

남면 갈항사지 오봉동 석조 석가여래 좌상은

그래서 슬픈 미소를 띠고 있는가

—「고향에 내려와서 1」 전문

제 9신

21세기를 함께 살고 있는 동시대인들에게

　자본주의 세계에서 살고 있는 우리네 삶의 목적은 아마도 '풍요로운 삶'에 있을 것입니다. 안정된 직업을 갖고서 여행도 간간이 하고 레저도 적당히 즐기면서 여유롭게 살고 싶어합니다. 남한테 크게 신세지지 않고 살면서 노후 대책도 하고 싶어합니다. 일확천금을 노리거나 큰 욕심을 부리지 않는다면 재테크도 나쁠 것은 없겠지요. 하지만 과욕過慾이라는 말이 있지 않습니까. 도가 조금이라도 지나치면 우리는 부정을 부정으로 생각하는 눈을 잃어버려 그만 눈뜬장님이 됩니다.

　국회의원과 장관, 고위장성과 고급공무원은 모두 많이 배운 사람들입니다. 그들은 공부를 잘했기에 세칭 일류대학혹은 사관학교에 갔을 것이고, 지식을 많이 쌓은 덕에 우리 사회의 지도자가 되었을 것입니다. 하지만 이상한 일입니다. 왜 그들은 종종 불미스런 일로 매스컴을 탈까요? 2세 교육을 담당하는 교육자들과 법을 다루는 법조인들도 때로는 범법자가 되어 기자들의 카메라 세례를 받습니다. 한때 세상을 떠들썩하게 한 흉악범이 "유전무죄 무전유죄"라는 말을 남겼는데 많이 배운 사람들이 '유전'함에도 불구하고 '유죄'를 선고받으니, 그들의 죄는 사실상 얼마나 무거운 것입니까. 그렇지만 그들은 대다수 형량을 다 채우고 않고 나옵니다. 그것을 보면 "유전무죄 무전유죄"라는 말이 맞는 것도 같습니다.

인간은 목적 지향의 동물입니다. 우리의 목적이 더 많이 갖는 것에 있는 한 부패의 고리는 끊기지 않을 것입니다. 한 치 앞의 욕망 때문에 두 치 뒤의 치욕을 모르고 있으니, 인간이란 얼마나 나약한 동물입니까. 풍요로운 삶이란 물질의 과다에 있는 것이 아니라 정신의 넉넉함, 영혼의 풍족함에 있다는 것은 지극히 평범한 말일 테지만, 저는 진리라고 생각합니다. 그런데 자본주의적 삶의 논리는 끊임없이 물건을 사게 만듭니다. 열심히 소비하게 합니다. 쓰다 버리게 합니다. 그도 아니면 잔뜩 쌓아두게 합니다. 소비의 즐거움이 괴로움으로 돌아온다는 것을 모른 채.

세기말에도 정신을 못 차린 우리 인간은 지금 엄청나게 큰 재앙에 맞닥뜨려 있습니다. '후천성 면역 결핍증'으로 번역되는 AIDS 일명 에이즈는 아시아와 아프리카에서 무서운 속도로 퍼져가고 있습니다. 수단과 나이지리아 등지에서 내전으로 말미암아 수많은 아프리카인이 죽어가고 있다지만 에이즈로 죽는 이들이 그 대륙 전체를 놓고 보면 전쟁으로 죽는 이들보다 훨씬 많을 것입니다. 에이즈는 어찌 보면 하나님의 첫 번째 경고였습니다. 21세기에 들어서서 우리는 광우병·조류독감·사스 등의 신종병이 창궐하는 것을 보고 무엇인가를 깨달아야 하는데, 이들 병이 생태계 파괴에 따른 자연의 경고 메시지임을 잘 모르는 것 같습니다.

근년에는 세계 곳곳이 홍수와 태풍, 지진과 폭염 등 천재지변으로 홍역을 앓느라 신종병에 대한 관심은 상대적으로 줄어들었습니다. 하지만 이들 병과 더불어 또 무슨 새로운 바이러스가 나타나 인류를 공격할지 모릅니다. 지구 온난화와 오존층 파괴가 지금 속도로 진행된다면 우리 후손은 22세기를 맞지 못하게 될지도 모르지요. 저의 이 말이 괜한 노파심 때문일까요? 빙하의 대륙 남극과 북극이 계속해서 녹고 있다고 하지 않습니까. 오늘날의 천재지변은 생태계 파괴 현상과 무관하지 않고, 그 원인은 인간의 탐욕 때문이라고 저는 믿고 있습니다. 물질에 대한 탐욕, 소비에 대한 탐욕, 금전에 대한 탐욕. 인간의 탐욕이 인간을 병들게 하고 있지요. 이런 시를 쓴 적이 있습니다.

　　하루에 쓰러지는 건물의 수를 생각한다
　　하루에 파괴되는 승용차의 수를 생각한다

하루에 생산되는 컴퓨터의 수를 생각한다
하루에 버려지는 신생아의 수를 생각한다

이 거대한 쓰레기 더미 지구를 청소하려는 듯
불시에 달려오는 거대한 파도 갈라지는 땅
쓰나미에도 지진에도 아랑곳하지 않고
줄기차게 등장하는 신종 컴퓨터
신종 바이러스로 캄캄해진 컴퓨터 화면……
내 마음의 킬링필드

―「밤의 권능 3」제 3, 4연

   지금 시를 읽어보니 제3연 제2행을 "하루에 뿜어내는 승용차 배기가스의 양을 생각한다"로 고칠 것을 잘못했습니다.
   저는 학교로 오기 전에 쌍용양회공업주식회사에 7년 반을, 광고 회사와 출판편집회사에 2년 반을 다녀 정확히 10년 동안 샐러리맨 생활을 했습니다. 그래서 석회석 광산이 어떻게 건물 벽이 되는지, 그와 아울러 오래된 건물이 어떤 형태로 자연으로 돌아가는지 일반인들보다는 조금 더 잘 알고 있습니다. 그리고 광고가 어떤 제작 과정을 거쳐 만들어지는가에 대해서도 조금은 알고 있습니다.
   아파트 등 집이 오래되면 허물고 새로 짓습니다. 그때마다 엄청난 양의 건축폐기물이 생깁니다. 그것들이 다 어디로 갈까요? 땅으로 들어가 땅을 곪게 하고 두고두고 썩게 합니다. 광고는 속된 말로 '맨땅에 헤딩하기'입니다. 광고업체 종사자들이 다 동의하는 것인데, 기본적으로 모든 광고는 다소간 허위광고이며 과장광고입니다. 자사 제품의 모자라는 점, 나쁜 점에 대해서는 절대로 말하지 않습니다. 라면 광고를 하면서 국산 재료를 쓴다고 할지언정 농약을 듬뿍 쳐서 재배한 파를 사용한다고 말할 턱이 없습니다. 작은 개선점과 차별성을 대단한 것인 양 선전하면서 그것의 하자와 역효과는 숨기는 것이 광고의 속성입니다. 광고마다 열을 올리는 '더 새로운 제품'의 새로움이란 것이 꼭 우리에게 필요한 것인가를 생각해보아야 합니다. 바꿔 쓰라고 명령하는 유명 모델의 말 속에는 모든 타사 제품을 부정하는 폭력적인 뜻이 들어 있음을 알아차려야 합니다.

　금세기 초, 신종병이 불러온 재앙은 우리네 삶의 자세가 잘못된 데서 온 것입니다. 삶의 풍요를 상품의 구입 내지 물질의 소비와 연결짓는 사고방식은 동양적 사유와는 거리가 먼 것입니다. 광우병은 소한테 사료를 먹여 대량으로 사육하는 인간에 대한 소의 경고이며, 조류독감은 닭을 대량으로 소비하는 인간에 대한 가금家禽의 경고입니다. 이런 병은 나아가 자연의 경고이며 하느님의 경고입니다. 탐욕을 버리지 않는 한 인류의 삶의 터전인 지구는 점점 더 오염될 것입니다. 사회 지도층 인사의 부패 또한 끊이지 않을 것입니다. 생산품이란 것, 곧 물건이란 것은 쓰고 버려도 쓰레기가 되고 쌓아두어도 쓰레기가 됩니다. 자본주의 사회니까 소비가 미덕이라고 생각하라면 할말이 없지만 청빈이나 근검절약도 미덕임을 우리는 2세에게 가르쳐야 합니다. 지방자치단체의 골칫덩어리 매립지가 그러하듯이 지구라는 쓰레기통은 용량이 한정되어 있는데 우리는 끊임없이 쓰레기를 만들고 있지요.

곡식과 과일을 재배할 때 뿌리는 농약과 화학비료를 줄기차게 먹으며 사는 제가 아직도 암에 안 걸려 있는 것은 천운입니다. 운전을 지금껏 배우지 못해 버스며 지하철로만 목적지에 가는 제가 하루에 들이마시는 배기가스의 양이 만만치 않을 것입니다. 대중교통수단을 이용할 때 매연 냄새가 지독하다고 느낄 때가 종종 있습니다. 그럼에도 불구하고 저는 아직 암 선고를 받지 않았습니다. 하지만 제 몸 어느 부위에서 암세포가 발생, 퍼져가고 있을지 알 수 없습니다. 주변에 암환자가 너무너무 많습니다. 최근에도 저는 제 주위의 두 분에게 암 선고가 내려졌다는 소식을 들었습니다.

산업혁명 이래 인간은 대량 생산과 대량 소비, 경제 개발과 국민총생산 증가, 개척과 건설, 광고와 판매, 투자와 개발 같은 것을 위해 혼신의 노력을 기울여왔습니다. 생활은 편리해졌으며 레저를 즐길 수 있게 되었습니다. 하지만 정말 많은 것을 잃어버리게 되었지요. 버스 세 정거장 거리도 승용차를 몰고 가면서 우리는 공해를 걱정하지 않습니다. 멀쩡하여 얼마든지 더 쓸 수 있는 물건을 광고를 믿고 버리면서 그 물건이 소각장의 연기로 바뀌는 것을 걱정하지 않습니다. 그 연기 속에 다이옥신이라는 발암물질이 들어 있는 것을 걱정하지 않습니다.

자연의 정화 능력은 지금 거의 한계에 다다라 있습니다. 가구며 건축 자재를 위해 나무들이 베어지고 인간의 실화나 방화로 인한 산불로 나무들이 타버려 세계의 허파 역할을 했던 숲과 밀림의 영토가 현저히 줄어들고 있다고 합니다. 공장의 폐수는 강으로 흘러가고 강물은 바다로 흘러갑니다. 공장에서 내뿜는 연기와 차량의 배기가스는 지구 온난화의 주범입니다. 서울의 하늘은 맑은 날보다 희뿌연 날이 많습니다. 인간의 탐욕이 지금처럼 무한대로 뻗어나가면 하나님도 지구의 종말을 막을 수 없을 것입니다.

이런 말을 하고 있는 저 자신, 생태환경론자도 아니고 '녹색'을 부르짖는 어느 단체의 일원도 아닙니다. 초등학생 아들의 아토피성 피부염이 나날이 심해져 한시도 근심에서 놓여날 수 없기에 이런 말을 하고 있는 것입니다.

원인은 정확히 알 수 없습니다. 태어난 지 채 두 달이 안 되었을 때 전신 마취 수술을 한 아이는 그것 때문인지 몸이 약해 초등학교 2학년이 될 때까지 사시사철 감기를 달고 살았습니다. 소아과와 이비인후과를 하루가 멀다 하고 드나들며 가져온 약은 항생제 종류였을 것입니다. 아이는 10년 동안 항생제를 상용하며 살았던 것이지요. 아내의 심한 입덧도 원인이었을지 모릅니다. 여러 달 식음을 전폐하면서 고생을 했는데, 이상하게도 달걀은 덜 역겨워해 주식을 달걀로 삼았습니다. 사료로 키워진 닭이 낳은 달걀일 텐데 그 사료와 달걀의 안전성은 믿을 만한 것이었을까요? 아무튼 아이의 아토피성 피부염은 라면과 햄버거, 햄과 소시지, 닭튀김과 구운 고기 등을 우리 집 식탁과 아이의 군것질거리에서 내몰았습니다. 그런데 아이는 그런 것들을 얼마나 좋아하는지. 이 병은 제가 어렸을 때는 없었으므로 신종병이라고 할 수 있는데, 알고 보니 주변에 엄청나게 많은 어린이가 아토피성 피부염으로 고생을 하고 있는 것이 아닙니까.

자식의 병을 낫게 하려는 아내의 노력은 눈물겨웠습니다. 한마디로 말해 '안 해본 게' 없었습니다. 양약과 한약은 임시 방편의 효과만 있을 뿐이었고 풍욕·냉온욕·반신욕에, 현미 잡곡밥·클로렐라·산야초·죽염……. 먹일 것도 어지간히 먹여보았습니다. 현미밥에 질려하자 주식을 감자와 고구마로 바꿨습니다. 몇 달 동안 미숫가루처럼 생긴 생식을 먹이자 아이는 식사 때마다 죽을상을 지었습니다. 단식원에도 가보았지만 결론은 '백약이 무효하다'는 것. 음식을 조절하여 체질을 바꾸어 주고, 지속적인 운동으로 몸을 튼튼하게 해 저항력을 길러주는 수밖에 없다는 것으로 결론이 났습니다.

영국의 낭만파 시인 워즈워드의 시「무지개」에는 "Child is father of the man."이란 유명한 시구가 나옵니다. 제 아들은 저의 스승입니다. 저 역시 보통사람들처럼 아무 생각 없이 패스트푸드 음식을 즐겨 먹었고, 닭튀김을 무지 좋아했고, 고깃집에 가서 고기를 구워 먹으며 살아왔습니다. 소비의 즐거움을 누리고 싶어했고, 명품의 우수성을 인정하고 싶어했습니다. 권력을 갖고 있었더라면 권력을 더욱 공고히 하기 위해 뇌물을 들고 다녔을 수도 있습니다.

그렇게 살아가다 저는 아들의 몸에 덮친 병마로 인해 저를 비롯한 인간의 탐욕이 내 아이를 이렇게 만들지 않았을까 하는 생각을 하게 되었습니다. 지금 이 땅의 수많은 아이들을 괴롭히고 있는 아토피성 피부염은 일종의 문명병입니다. 21세기의 신종병도 따져보면 문명의 발달이 가져온 것입니다. 우리가 먹는 것에, 입는 것에, 사 쓰는 것에, 쓰고 금방 버리는 것에 욕심을 부리는 한 문명병은 더욱 기승을 부릴 테고, 더 무서운 신종병이 나타날지도 모릅니다. 탐욕으로부터의 돌아섬, 이것이야말로 21세기를 살고 있는 우리가 가슴에 품어야 할 명제가 아닐 수 없습니다. 가슴 가득 슬픔을 안고 쓴 시「아들은 가렵다」를 여러분께 보여드립니다.

> 아들이 긁고 있다 팔과 다리
> 목과 배에 피 맺힌다 팔과 다리에 피 맺힌다
> 아들의 손을 잡는다 잡고서 놓지 않는다
> 그만 좀 긁어 그만 좀 긁어라 애야
> 자다가도 긁고, 일어나면 긁기부터 한다

태어나자마자 만난 가려운 세상
가렵지 않은 세상에서 살아갈 수 있을까?

안 돼 밀가루로 만든 건 뭐든 먹으면 안 돼
과자와 고기를 먹으면 더 심해지는 가려움증
앙상한 몰골로 과자와 고기만 먹으려 한다
햄버거 피자 가게를 지날 때마다 먹고 싶어
울상을 짓는다 고기와 달걀이 빠진 김밥
맛깔스러움과 즐거움이 빠진 김밥
소풍날 울먹이며 도시락을 받아 간다

벌겋게 된 피부가 햇살 아래서 일어난다
살비듬이 떨어져 나간다
미친 듯이 긁고 싶기만 한 세상
맺힌 피 줄줄 흘러내릴 때까지
가려워서 긁고 긁고 또 긁는 내 아들
문명의 튼튼한 몸이 덮친 아들의 피부

―「아들은 가렵다」 전문

제 10신

중앙대학교 학생들에게—강의 시간에

9월 7일 제1캠퍼스 학생식당 앞에서는 천성산 관통 고속철도 공사를 막기 위한 '도롱뇽 소송인' 모집 운동이 펼쳐졌다고 합니다. 프리랜서 사진작가와 서강대 대학원생이 의기투하여 9월 한 달간 서울시내 대학을 순회하면서 소송인을 모집키로 하고는 첫날 서울대학에 이어 우리 학교를 방문한 것입니다.

이 작은 행보의 이면에는 결코 간과할 수 없는 의미가 자리잡고 있습니다. 표면적으로 이런 운동이 행해진 첫 번째 이유는 정부가 경부고속철도를 경남 양산 천성산을 관통해서 놓으려는 데 있습니다. 두 번째 이유는 그 공사에 반대하여 지율스님이 6월 30일부터 시작해 57일 동안 단식투쟁에 들어간 데 있습니다. 스님은 공사를 일단 중단하고 환경 평가서를 다시 받겠다는 정부의 약속을 듣고 58일째 되는 날 단식을 거 둬들였습니다. 죽음 일보 직전까지 간 청와대 앞 단독 농성이었습니다.

어느 사회에서나 있을 법한 이런 사태가 예사롭지 않게 느껴지는 것은 이 사태를 바라보는 우리 국민의 시선 때문입니다. 국민들 대다수가 단식투쟁을 한 스님을 옹호하지 않는 대신 국책사업을 막고 나선 스님을 강력하게 비판한 것입니다. 내용인즉슨 이렇습니다. 조선일보가 '적막한 천성산 터널공사 일시 중지 현장'이라는 제목의 기사를 내보낸 뒤 신문사 홈페이지에 그것을 올리자 네티즌들의 스님 비판 여론이 들끓었습니다. "환경 단체가 이 나라의 물류 문제를 풀어줄 건가? 진짜 짜증나게 하누만"이란 네티즌의 말에 128명이 찬성했고 6명이 반대했습니다. "환경 단체와 지율스님은 천성산의 환경을 파괴하는 절들과 절로 들어가는 도로들을 먼저 폐쇄하라!"는 비판에 211명이 찬성, 13명이 반대했습니다. "공사 초기부터 막던지 하지 그 할 일 없는 시민 단체, 환경 단체가 정말 대한민국을 혼란에 빠뜨리고 있다"는 말은 무려 354명의 지지표를 얻은 반면 반대표를 던진 사람은 고작 14명이었다.

네이트닷컴 뉴스의 '나도 한마디' 난에 올려져 있는 글도 스님에 대한 비난 일색이었습니다. '조중동'으로 대표되는 주류 신문의 사설도 '천성산 공사 중단은 나쁜 선례', '누구를 위한 불사인가' 등 스님의 행위에 대한 비난과 정부측 입장에 대한 옹호가 주류를 이루었습니다.

민주주의 사회에서 이런 문제에 대한 판단은 누구나 자유롭게 할 수 있습니다. 그러나 목숨을 담보로 한, 한 인간의 절박한 호소를 이렇게 이성적으로 받아들일 수밖에 없는 것일까요. 국책 사업이 생태계를 보존하는 일보다 중요하다는 이 절대적인 믿음은 인간의 오만함과 무지로 인한 것이라는 게 저의 생각입니다.

'환경'과 '생태'는 거의 비슷하게 쓰이고 있지만 누구를 중심으로 한 것이냐를 따져보면 커다란 차이가 있습니다. '환경'은 인간 주변의 환경을 뜻하므로 다분히 인간 중심의 낱말이며, '생태'는 자연 생태계를 뜻하므로 모든 생명체를 포괄하는 낱말입니다. 그런데 우리의 사고방식은 생태보다 환경을 늘 기준으로 삼습니다.

생태계 파괴보다는 환경 오염이 훨씬 심각하게 받아들여지는 것입니다. 골프장 건설과 그린벨트 해제 등에 따른 생태계 파괴에 대해서는 별로 신경 쓰지 않지만 중국에서 날아오는 매연과 황사는 크게 문제삼습니다. 이 관점의 차이는 곧 두 낱말의 차이이기도 합니다. 그러나 생각을 조금만 더 확대해봅시다. 생태계가 망가지면 가장 큰 고통을 겪을 생명체는 바로 인간이 될 것입니다. 저는 환경 단체의 회원도 아니고 확고한 신념을 가진 환경론자도 못 됩니다. 이 지구의 주인이 인간만은 아니라는 생각을 갖고 있을 따름입니다. 국책 사업이 조금 바뀌어 우리가 낸 세금이 더 쓰이더라도 천성산의 도롱뇽이 보금자리를 잃지 않았으면 좋겠습니다. 우리 중앙대학교에서 벌어진 도롱뇽 소송인 모집 운동이 학생들의 관심과 참여로 큰 성과를 거두기를 바랍니다. 지금부터 자작시 한 편을 여러분들에게 낭독해드릴까 합니다.

그대 몸이 점점 더 가벼워지면
가벼워질 대로 가벼워지면
하늘 향해 두둥실 공중 부양할까

손가락 하나 까딱할 힘까지 빼내어
산과 싸우는 그대
산을 뚫는 힘과 싸우는 그대
이제는 누구의 등에 업혀도
바람보다 가볍고 바람보다 무거우리
구름보다 가볍고 구름보다 무거우리

저래도 죽지 않는구나 사람의 몸
먹어야 사는 것이 생명의 이치인데
먹지 않고서 살리고 있다
개골개골 개구리를 두껍두껍 두꺼비를
이루 말할 수 없는 생명을, 생명을

―「구도자를 찾아서 10―지율」 전문

제 11신

내 딸 민휘에게

이제 막 기말고사를 치른 너에게 편지를 쓴다.

몇 년 전에 아빠의 고향 김천에서는 큰 수해가 나서 많은 분이 돌아가셨다. 고속철도 공사를 하면서 시 중심을 끼고 외곽으로 흐르는 감천甘川이라는 시내의 물길이 완전히 바뀌었는데, 그만 큰물이 지자 둑이며 지형이 그것을 감당하지 못해 수해가 난 것이란다. 천재에 인재가 겹친 거지. 김천은 분지형 도시라 원래 수해라고는 난 적이 없는 곳인데 사람이 물을 잘못 다스려 많은 인명 피해가 나고 만 거야. 벼농사를 짓는 우리에게 물은 없으면 안 될 고마운 존재이지만 물을 못 다스리면 사람이 죽고 농사를 망치게 돼.

아빠의 어린 시절, 최고의 놀이터는 감천이었다. 아빠는 감천에 가서 멱도 감고 피라미도 잡으며 여름 한 철을 놀았었지. 외갓집이 있는 상주 화산에도, 작은할아버지가 계신 대구 근교 무태에도 작은 시내가 있어 나는 해 지는 줄 모르고 놀면서 유년기의 즐거운 추억을 만들 수 있었다. 자연의 아름다움과 신비로움을 온몸으로 느끼고 온 마음으로 깨닫는 나날이었지. 낙동강의 작은 지류라고 할 수 있는 이들 시내는 언제부터인가 사라져버렸다. 말라붙어 있거나 오염이 되어 멱감으며 놀 수 없는 내가 되고 만 탓이다.

낙동강이 어디서 시작되는 것인지 아니? 강원도 태백시 화전동에 가면 너덜샘이라고 있단다. 이곳에서 시작되는 샘물은 황지천이란 데로 흘러 황지못의 물과 만나 구무소라는 큰 소沼를 이루지. 바로 이 구무소에서부터 낙동강이란 이름으로 강물이 흐르기 시작하는 거란다. 아빠는 네가 여섯 살 때 이런 시를 쓴 적이 있는데 제목은 '낙동강'이야.

해 바뀌어 서른다섯

나를 키운 이 강 언덕에

여섯 살배기 딸 데리고 와

강이 시작되는 데라고 말하고 나니

목 메인다 나보다 먼저 늙고

나보다 먼저 지쳐

천정천 위로 흐르는

오래된 시체 빛깔의 강

강을 내려다보는 헐벗은 산들

저습지로 버려져 있는 하천 유역마다

죽어서 썩어가는 새의 시체와

떼로 죽은 물고기의 주검을

기억하는 사람도 이 유역에는 없다

자연이 자연 그대로가 아니라고

'뒷기미 나리' 노래 기억하는 토박이도

강 유역에는 남아 있지 않다

너무 시달려 이제 그 깊은

상처의 흔적도 보이지 않는

낙동강이 나보다 먼저

갈 길 못 가 죽으려 한다

아버지와 함께 기차를 타고서

여섯 살 때 처음 본

그 깊고 푸르렀던 낙동강

남한의 5대 강인 한강·낙동강·금강·영산강·만경강은 이미 중금속 농도의 한계치를 최소 몇 배에서 최대 몇 십 배까지 초과함으로써 공해 문제는 이제 한계에 다다라 있어. 이들 대부분의 강과 지류에는 폐수 때문에 죽은 물고기가 둥둥 떠다니고 물굽이마다에 허연 거품이 일어나고 있단다. 하천 주변에는 공장에서 내다버린 폐기물과 주민들이 몰래 버린 쓰레기가 곳곳에 쌓여 있지. 부산과 경상남도 주민의 젖줄인 낙동강은 상당 부분 독수毒水로 변하여 명물인 재첩이 자취를 감춘 지 오래고, 기형 물고기도 심심찮게 잡히고 있단다.

전국의 강이란 강이 지난 수십 년 동안 공장에서 쏟아져 나오는 폐수와 농장의 오물로 빈사 상태에 이르렀다면 가정에서 너나없이 사용하는 합성세제는 확인 사살을 해온 격이랄까. 우리는 누군가를 죽이면서 살고 있으나 그 누구도 양심의 가책으로 괴로워하지는 않는다. 연·근해에는 적조와 녹조가 수시로 덮쳐 어장이 막대한 피해를 입곤 하지. 인간세상의 온갖 오물이 바다로 들어가는 것만으로는 모자라 유조선은 수시로 기름 유출 사고를 일으킨다. 심해의 플랑크톤마저도 핵에 오염되어 있으니 어느 생선인들 무공해 식품일까.

수출 증가와 국토 개발이 급선무였던 우리로서는 태양계 저 멀리서 달리고 있는 혜성의 진로와 지구 저 먼 곳의 홍수와 가뭄 따위에 신경을 쓰고 있을 만큼 한가롭지 않았다. 지금도 시화호·새만금·낙동강 등 국토 곳곳이 무분별한 개발의 여파로 썩어 들어가고 있단다. 하천과 연·근해의 오염, 개발로 인한 녹지의 훼손, 오존층의 파괴, 대기 오염 수치의 증가, 야생동물의 수난, 대규모 간척 사업, 공장의 폐수 방류 같은 생태 환경 파괴의 뉴스가 보도되지 않는 날이 하루라도 있든니? 생태 환경이 점점 나빠져 갈 뿐이고, 좋아질 조짐이 안 보인다는 것은 정말 심각한 문제다. 국토가 어떻게 파괴되고 있는지 좀더 자세히 들여다볼까.

너도 학교에서 배우겠지만 환경 문제는 나날이 심각해지고 있어. 도시는 차량들의 배기가스로 대기 오염이 나날이 심해지고 있지. 하늘의 오존층이 파괴됨으로써 자외선이 그냥 내리쬐어 피부암 환자가 늘고 있고, 땅은 농약과 산업 폐기물로 썩고 있지. 우리가 들이마시는 지하도의 공기와 매연 가득한 버스 속에서 얼마나 많은 유해물질이 떠다니고 있는지 알 도리가 없다.

농약 살포 철이면 시골 마을마다 농약 냄새가 진동하지. 인체에 무척 해롭다는 농약을 사과밭에는 한 철에 20회, 논에는 15회, 채소밭에는 10회 정도 살포해야 수확이 가능하다는 조사 결과에 등골이 오싹해지는 것은 농약 성분이 식사 때마다 우리 몸에 축적되고 있으리라는 두려움 때문일 거야. 농약 중독을 경험한 농민이 전체의 80%에 이르고, 우리나라의 농약 중독자 발생률이 선진국에 비해 100배 이상 높은데도 우리는 외양으로만 싱싱하고 잘 익어 보이는 채소와 과일류를 별 두려움 없이 사먹는다. 이 식품들에 얼마나 많은 농약이 잔류해 있는지, 하루에 얼마나 많은 양의 해로운 식품 첨가물을 섭취하고 있는지 모른 채 말이야. 가축은 오염된 사료를 먹고 인간은 멋도 모르고 그 고기를 먹는다. 산성비가 내리니 나무는 고사하고 문화재는 훼손된다. 황사바람이 불어오면 피부병이 늘고 구제역이 번진다. 조류독감이며 광우병도 일종의 공해병이지. 네 동생 주형이가 앓고 있는 아토피성 피부염도 대표적인 공해병이다.

지금 이 지구상에 오염되지 않은 곳이 있을까? 아마도 극지방의 얼음 저 깊은 곳이 아니라면 거의 전부 인간의 손에 의해 오염되고 있다고 보아야 할 것이다. 극지방도 나날이 녹아 전세계적으로 해수면이 상승하고 있고 사막지대는 확산되고 있지. 삼림이 남벌되고 있는데 산불은 끊임이 없다. 하늘과 땅, 바다와 하천, 그 어디를 보아도 오염되지 않은 곳이 없다.

인간은 자연에 속한 자연의 일부란다. 그러나 오랜 세월 생태 환경의 파괴와 희생 위에서 경제 성장을 추구하고 문명 사회를 건설해왔지. 우리나라도 인구의 과밀화, 과도한 경제 성장의 추구, 소비 문화의 번성으로 자연 환경 파괴가 심각한 지경에 이르러 있다.

경제성장우선주의와 과학기술만능주의는 소비 지향의 삶을 향한 인간의 욕구를 조직화하고 체계화한 것에 불과해. 자연 생태계의 위기는 곧바로 인간의 위기로 직결된단다. 이 위기에서 벗어나기 위해서는 대안적 삶의 양식을 찾아야 한다. 아빠는 시인이기에 비판을 넘어서 대안까지 제시할 능력이 없어 안타깝구나. 대안을 찾는 것은 온 국민 각자의 몫이 아닐까 하는 생각이 든다. 우리에게 중요한 것은 환경 문제를 먼 산 불 보듯이 하지 말고 나 자신의 문제로 보는 인식의 전환이야. 이런 점이 안타까워 아빠가 예전에 시를 쓴 적이 있지.

귀기울이면 저 강 앓는 소리가 들려오네

신음하고 있는 700리 낙동강
내 유년의 기억 속 서걱대는 갈대밭 지나
가물거리는 모래톱 끝까지 맨발로 걸어가면
시야엔 출렁이는 금비늘 은비늘의 물살
수백 수천의 새들이 나를 반겨 날고 있었다

지금은 볼 수 없는 그 많은 물떼새들
왕눈물떼새 · 검은가슴물떼새 · 꼬리물떼새 · 댕기물떼새……
수염 돋은 개개비란 새도 있었네
물떼새 알을 쥐고 돌아오던 어린 날의 낙동강
내 오늘 한 마리 물고기처럼 회유回遊해 왔네

아무것도 없네, 그날의 기억을 소생시켜 주는 것이라고는

나루터 사라진 강변에는 커다란 굴뚝의 도열, 천천히
검은 연기를 토해내고 있네, 천천히
땅이 죽으면 강도 따라 죽을 테지 등뼈 휜 물고기의 강
대지를 버린 내 영혼이 천천히 황폐해 가듯

할아버지랑 그물 망태기를 들고 강에 나가면
참 많은 물고기를 맛볼 수 있었네
잉어·누치·가물치·뱀장어·미꾸라지……
수염 돋은 동자개란 놈도 가끔 보였네
지금 그 물고기들 낙동강을 버렸다고 하네

내가 세제를 멋모르고 쓰는 동안 거품을 물고
신음하는 강, 그 새 그 물고기들 다 어디론가 떠나
내 발길 바다에 잇닿는 곳까지 왔네, 낙동강구
을숙도를 보고 눈감고 마네, 삐삐삐 삐리삐리 뽀오르르 뽀르삐

눈감으면 바다직박구리 우는 소리가 들려오네

―「돌아오지 않는 새들을 기다리며」전문

생태 환경의 문제는 이제 인간만의 문제가 아니라 지구상 모든 생명

체의 종족 유지에 관련된 문제이자 더 나아가 지구 그 자체의 생존에 관련된 문제란다. 공해 물질의 증가로 오존층이 계속 파괴되고 해수면 증가가 계속된다면, 산성비가 계속 내린다면, 지구 온난화와 사막화가 계속된다면, 식량의 증가가 인구의 증가를 따라가지 못한다면……. 이러한 가정은 이제 우리 앞에 놓여 있는 현실이지. 하지만 많은 사람의 노력에도 불구하고 개선될 조짐은 보이지 않고 있어. 개선은커녕 날이 갈수록 악화 일로에 있는데, 생태학자들이 말하는 엔트로피entropy의 증가가 이를 잘 말해주고 있단다.

현대과학이 입증한 경이적인 원리 중의 하나가 '엔트로피의 법칙'이라고도 불리는 '열역학 제2법칙'이야. 제레미 리프킨이 잘 설명해준 이 법칙에 따르면 지구는 폐쇄된 체계를 갖고 있기 때문에 태양으로부터 에너지를 받아들이지만 에너지를 지구 외부의 우주가 갖고 있는 물질과 교환할 수가 없어. 그러므로 사용이 가능한 자원은 언젠가는 불가능한 자원이 되고 만단다. 휘발유가 배기가스가 되고 석탄이 연탄재가 되는 것처럼. 시간이 흐르면 흐를수록 사용이 불가능한 물질, 즉 엔트로피가 증가하는 현상이 초래되고 있는 것이다. 지구가 날이 갈수록 거대한 쓰레기장이 되어가고 있음을 현대과학이 증명하고 있는 데도 불구하고 우리는 산과 강의 오염을, 하늘과 땅의 오염을 수수방관하고 있지 않은가. 우리가 먼 산 불 보듯이 공해 문제를 대하는 동안 남을 죽이면서 자신을 죽이고 있던 것이 아닌가 생각해보아야 해. 자기 가족을 위한다고 일하면서 자신의 후손을 학살하는 데 가담하고 있었던 것이 아닌가 말야.

공해와의 싸움은 우리가 이 땅에 생존하기 위해서라고 외치고 싶구나. 분명한 것은 우리 동시대인이 이 땅에 살기 위하여, 우리 후손들이 이 땅에서 살기 위하여, 이제는 방관하지 말아야 한다는 것이다. 내 딸 민휘가 아름다운 산천에서 맑은 공기를 호흡하고 맑은 물을 마시면서 살아갈 날이 오기까지 아빠는 생태 환경 문제에 대한 관심을 버릴 수 없구나. 특히 맑은 시내가 사라지고 있는 현실을 개탄하지 않을 수 없다.

사람의 생애를 생각해볼까. 사람은 어머니의 자궁 속, 즉 양수에서 자란다. 사람이 죽으면 몸에서 물이 흐르는데, 그것을 '추깃물'이라고 해. 사람은 물에서 나서 물로 가는 거지. 하천은 흘러 흘러 어디로 가지? 바다로 가지. 바다도 점점 오염이 되고 있어. 바다가 없었더라면 생명체는 이 지구상에 생겨나지 않았을 것이다. 바다는 모든 생명체가 탄생한 거대한 자궁이면서 죽어서 티끌이 되어 흘러 들어갈 거대한 무덤이기도 하단다. 바다는 또한 인간의 삶과 죽음을 주관하는 신용왕의 영지이기도 하지. 인간은 땅에서 태어나 땅으로 돌아가지만 땅을 감싸 안고 있는 더 거대한 존재가 바다이다. 그렇기 때문에 바다는 모든 생명체의 생성과 사멸의 역사를 기억하고 있어. 우리 민족은 국토의 삼면이 바다로 둘러싸여 있고 3,200개의 섬을 거느린 한반도에다 수천 년 전부터 뿌리를 내리고 삶을 영위해왔다. 시내를 되살려내야 한다. 그럼 강도 살아나고 바다도 깨끗해질 거야.

　민휘야! 오염되지 않은 깨끗한 물을 마시고 싶지? 3월 22일을 물의 날로 정한 이유도 맑은 물을 향한 열망 때문일 거야. 사람의 몸은 70%가 물이라는데 이 세상의 물이 더러워지면 생명공학의 발달도 아무 소용이 없을 것이다. 아래의 시는 아빠가 얼마 전에 낸 시집『인간의 마을에 밤이 온다』에 실은「황지에 와서 토하다」의 전문이란다.

　　　불알 두 쪽 달랑거리며 물장구쳤었는데
　　　언제부터 시름시름 앓기 시작한 것일까
　　　"洛東江 千三百里 예서부터 시작되다"
　　　황지못 근처 낙동강 발원 표석에서
　　　강의 지병은 시작된 것일까

　　　황지의 달이 파르르 떨고 있다
　　　석포리 아연공장과 폐기물 처리장
　　　굴뚝의 검은 연기 하늘에 금 그을 때
　　　폐광의 갱출수 강바닥을 하얗게 채색할 때
　　　철 성분 강바닥을 붉게 물들일 때
　　　미 공군 전투기 폭격 연습을 할 때
　　　모든 욕망이 예서 발원하는구나

물고기 종적 감춘 황지의 입 틀어막고
높다랗게 세워진 밤의 카지노 옆
폐석 더미가 고대 유적 같다
시가지 곳곳에 괴물처럼 서 있는 타워크레인
누구의 입을 또 시멘트로 봉할 것인지

모든 슬픔이 예서 발원하는구나
붉은머리오목눈이, 노란턱뫼새, 매비둘기
텃새들이 터전 잃은 이곳 황지 근처
흑부리오리, 고방오리, 흰쭉지, 저어새
겨울 철새들은 더 이상 머물 수 없으리

누군가의 눈물이 모여 저 강 이루리
돈 잃은 자들 술 퍼마시고 돈 상태에서
거리 곳곳에 게워낸 토사물
강으로 스며들면 또 우리가 마실 테고
부랄 달랑거리며 물장구쳤던 강의 발원지
황지

가장 중요한 것은 실천이다. 샴푸도 세제도 꼭 필요한 경우에만 쓸 것이며, 야외에 나가서 쓰레기 하나라도 버리지 말아야 한다. 작은 실천이 쌓이고 쌓이면 세상은 좀더 맑아질 거야. 올해는 큰 태풍이 안 왔으면 좋겠다. 태풍이 오더라도 치산치수를 잘만 하면 우리는 이 산하를 잘 보전할 수 있을 텐데…….

제 3 부

역사를 바로 알고자 하는 그대에게

제 12신

3·1절을 맞는 애국지사의 후손에게

3월 하늘 가만히 우러러보면 유관순 누나가 생각납니다.
옥 속에 갇혀서도 만세 부르다 푸른 하늘 그리며 숨이 졌대요.

초등학교 시절에 배웠던 노래의 가사입니다. 얼마 전에 저는 유관순 열사의 새 표준 영정이 확정되었다는 언론 보도를 들었습니다. 이화학당 재학시에 찍은 단체사진에 엄연히 들어 있고, 죄수복을 입혀놓고 일제가 찍은 사진은 얼굴이 제대로 나온 것인데 유관순의 영정이 본 모습과 많이 다르게 그려져 있었다니 새삼스레 놀랐습니다. 게다가 그 영정을 그린 이의 친일 행적을 놓고 논란이 있었다고 하니 잘된 일입니다. 그런데 우리가 '열사'라느니 '의사'라느니 하면서 존칭을 붙여 부를 수 있는 이는 그 많은 애국자 가운데 정말 극소수에 지나지 않습니다.

7,509명의 사망자를 낸 3·1만세운동의 실패 이후 독립운동은 주로 북만주와 연해주, 중국 내륙 등지에서 행해졌습니다. 국내에서의 탄압이 너무 가혹하여 애국지사들이 그 어떤 활동도 할 수 없는 지경에 이르렀기 때문입니다. 지금은 '연변'으로 불리고 있는 땅에 우리 조상은 용정촌이나 명동촌을 건설하며 독립의 터전을 닦았습니다. 하지만 일본은 만주국을 세워 북만주에서의 항일운동을 강력하게 탄압하였고, 독립군이나 애국지사의 활동은 더더욱 간난신고艱難辛苦와 형극荊棘의 길이 될 수밖에 없었습니다.

북로군정서나 의혈단 같은 조직을 만들어 일제와 직접 총을 들고 맞서 싸운 독립운동가나, 상해임시정부를 만들어 정치적으로 투쟁을 전개한 애국지사의 생활은 비참하기 짝이 없었습니다. 상해임시정부의 살림살이가 너무나 곤궁하여 반찬이나 떡이 생기면 김구 주석이 임정 요인들을 다 불러모아서 조금씩이나마 나눠먹었다는 원로의 이야기를 직접 들은 적이 있습니다. 상해에서 활동할 수가 없어 오지인 중경까지 이어진 퇴로는 또 얼마나 험난했을까요.

광복을 우리의 힘으로 쟁취한 것은 아니지만 여러분 조상의 애국심을 우리는 결코 잊지 않을 것입니다. 몸을 던져 애국을 실천하신 그런 분들의 행동과 정신이 없었다면 우리는 치욕의 역사만을 갖고 있었을 것이고 민족정기를 바로 세울 수 없었을 것입니다.

그런데 그런 애국지사의 후손인 여러분은 대개 영락한 삶을 살고 있다고 들었습니다. 독립군이나 애국지사는 일제 강점기 때 늘 쫓겨다니는 몸이었기 때문에 자식들을 공부시킬 겨를이 없었다고 하지요. 대를 물린 가난은 두말할 것도 없었습니다. 게다가 광복 이후에 국가에서는 애국지사의 후손들한테 아무런 혜택을 주지 않아 학업을 제대로 닦을 수가 없었습니다. 가난의 대물림으로 여러분은 대다수 기초생활수급자로 전락, 우리 사회의 하층부를 형성하게 됩니다. 반면 부를 축적한 친일파의 후손은 재계로 정계로 진출하고, 아주 많이 법조계로 감으로써 우리 사회의 상층부를 형성하게 됩니다. 이런 역사의 아이러니가 또 있을까요.

민족을 반역한 자를 처벌하지 않은 나라는 인간의 역사가 시작된 이래 대한민국밖에 없다는 이야기를 대학 시절, 교양으로 들었던 한국사 과목을 가르친 강사 선생님으로부터 들은 적이 있습니다. 친일파 당사자도 아닌 후손을 지금에 와서 처벌할 수는 없는 노릇입니다. 하지만 무덤조차 남기지 못한 대다수 애국지사의 후손이 비참한 삶을 영위하고 애국지사를 체포·취조·고문했던 친일파의 후손이 떵떵거리며 사는 우리 사회의 모순은 해결 불가능한 것일까요. 3·1절을 맞이하는 마음이 참으로 착잡합니다.

미국 등 선진국은 참전했던 나라를 샅샅이 뒤져서 군인의 유해를 수

습합니다. 그 일을 그들은 10년, 20년, 50년이 걸려도 계속하였고, 100년이 걸려도 계속할 것입니다. 대한민국과 베트남, 캄보디아 등은 물론 북한까지 들어가서 시체를 수습하고 있습니다. 참전용사에 대한 예우는 이래야 하는 것입니다. 그런데 우리는 한국전쟁 당시, 또 전쟁 전후로 북한에서 활동한 특수부대원들과 분단 이후에 북파되어 활동한 군번 없는 용사들에 대해 어떤 대우를 해주었지요? 애국자가 애국자로 대접받지 못한다면 우리는 후손에게 '애국애족'을 가르칠 수 없을 것입니다.

요즈음 학생들이 유관순이 만 16세의 나이로 죽었다는 사실을 알고 있을까요. 그 어린 나이에 유관순은 고향 충남 병천면에서의 3·1운동을 주동하였고, 재판정에서 자신의 투쟁이 정당함을 역설하다가 의자를 집어던져 법정모욕죄까지 가산되었습니다. 그것으로 말미암아 더욱 혹독한 고문을 당하다가 숨을 거두었습니다. 어린 학생의 신분으로 "대한독립만세!"를 목이 터져라 외쳤던 유관순의 명복을 빌면서 3월 1일을 맞이합니다. 아래의 시는 박두진 시인의 절창이라고 할 수 있는 「3월 1일의 하늘」의 전문입니다.

> 유관순 누나로 하여 처음 나는
> 3월 하늘에 뜨거운 피무늬가 어려 있음을 알았다.
> 우리들의 대지에 뜨거운 살과 피가 젖어 있음을 알았다.
> 우리들의 조국은 우리들의 조국,

우리들의 겨레는 우리들의 겨레,
우리들의 자유는 우리들의 자유이어야 함을 알았다.

아, 만세, 만세, 만세, 만세. 유관순 누나로 하여 처음 나는
우리들의 가슴 깊이 피 터져 솟아나는,
우리들의 억눌림, 우리들의 비겁을
피로써 뚫고 일어서는,
절규하는 깃발의 뜨거운 몸짓을 알았다.

유관순 누나는 저 오를레앙 잔다르크의 살아서의 영예,
죽어서의 신비도 곁들이지 않은,
수수하고 다정한, 우리들의 누나,
흰옷 입은 소녀의 불멸의 순수,
이, 생명혼의 고갱이의 아름나운 불실의,
영웅도 신도 공주도 아니었던,
그대로의 우리 마음, 그대로의 우리 핏줄,
일체의 불의와 일체의 악을 치는,
민족애의 순수 절정, 조국애의 꽃넋이다.

아, 유관순 누나, 누나, 누나, 누나,

언제나 3월이면, 언제나 만세 때면,
잦아 있는 우리 피에 용솟음을 일으키는
유관순 우리 누나, 보고 싶은 우리 누나.
그 뜨거운 불의 마음 내 마음에 받고 싶고,
내 뜨거운 맘 그 맘 속에 주고 싶은
유관순 누나로 하여 우리는 처음
저 아득한 3월의 고운 하늘
푸름 속에 펄럭이는 피깃발의 외침을 알았다.

제 13신

친일파의 후손에게

우리 근대사의 치부가 백일하에 드러났습니다. 친일인명사전편찬위원회와 민족문제연구소에서는 경술국치일인 지난 2005년 8월 29일, 세종문화회관에서 기자회견을 열어 친일인명사전에 실을 1차 명단 3,090명을 공개한 것입니다.

이 명단에는 우리가 익히 알고 있던 인물들도 있지만 그렇지 않은 이도 있어 적지 않은 놀라움을 줍니다. 을사조약이 체결되는 것을 보고 명논설「시일야방성대곡是日也放聲大哭」을〈황성신문〉에 발표해 조약의 부당함을 날카롭게 공박한 장지연이 후일 변절하여 친일 활동을 했다고 합니다. 장지연의 후손들은 조상의 명예가 부당하게 훼손되었다고 법적 대응에 들어갔습니다. 제가 존경해온 장지연의 생애에 친일 혐의가 없기를 바라는 마음이 간절합니다. 저는 대학 시절에 이런 시를 써 장지연 선생이 쓴 「시일야방성대곡」을 높이 기린 바 있습니다.

시대는 선택할 수 없다
오늘 깊이 잠든 나를 일깨우는
목을 놓은 이 울부짖음 어디에서 비롯된 것인가

귀 막아도 들려온다 80년 전
바다 건너 군국의 태풍 불어닥쳤을 때
뜻이 깊은 나무 한 그루 뿌리 흔들며 곡하였던 것을
11월 20일, 귀 막아도 들리는
자신의 목소리, 일어나 말할 수 있는
자기만의 목소리를 목숨 다하는 날까지
간직할 용기가 나에게도 있을까
엄청난 소멸의 바람 앞에 꿋꿋이 서
오로지 푸르렀던 이의 불호령에 흔연히 나설 용기가

지나간 시대가 하 수상하였다
절의節義도 춘추필법春秋筆法도 헛되이

끌려온, 끌려 다녀야 할 나라의 근본

나무는 뿌리뽑힌 지 오래 외세의 비바람은 여전한데

말하는 이 몇 사람인가 자신의, 자기만의 목소리

2천만에서 6천만으로 늘어났으나

이것이 정말 우리의 나라인지 온전히 우리 땅인지

욕되게 내 살아 오늘 이 글 읽으니

목소리 모여 모여 함성이 되어 몽매한 나를 일깨운다

80년이 지났는데, 산천이여 동족이여 자존이여

이루어진 것 없다 무엇 하나 이루어지지 않았다

 - 통재통재痛哉痛哉라 동포야 동포야

—「〈시일야방성대곡〉을 읽다」 전문

    이밖에도 기미독립신인시에 시명한 민족대표 33인 중 천도교 대표인 최린, 도쿄 2·8독립선언서 발표의 주도자였던 언론인 서춘은 애국지사에서 친일인사로 변절한 경우입니다. 훗날 최초의 천주교 대주교가 되는 노기남, 천도교 교령 이종린, 조계종 초대 총무총장지금의 총무원장을 지낸 승려 지암 이종욱 등 종교계 지도자들의 이름도 보여 놀라움을 줍니다. 사학명문 연대·고대·이대의 전 총장과 역사가 오랜 몇몇 신문사의 사주에게 친일 경력이 있다는 것은 알고 있었지만 그 활동 내용을 보니 소극적인 친일이 아니라 자발적이고도 적극적인 친일이어서 깊은 절망감을 안겨줍니다.

친일인사 명단에 자기네 조상의 이름이 올려진 것은 이러저러한 이유로 부당하다고 장지연의 후손들이 법적 대응에 나선 것처럼 많은 후손들이 반격에 나설 것이라고 합니다.

〈동아일보〉의 창업자 김성수, 〈조선일보〉의 전 사주 방응모, 〈중앙일보〉의 전 회장 홍진기가 명단에 오르자 세 신문은 선정의 객관성과 자료의 신빙성에 의문을 제기했습니다. 그런데 조상이 한 잘못을 후손이기에 꼭 덮어야 하는 것일까요?

우리는 이 기회에 한국 근·현대사의 파행이 반민족행위를 한 사람들을 단죄하지 않은 데서 왔다는 사실을 알아야 합니다. 수많은 독립운동가와 애국지사를 잡아다 고문하고 죽음에까지 이르게 한 고등계 경찰들이 미군정과 이승만 정권 하에서 반공 투사로 둔갑, 군대와 경찰 조직을 장악하고 권력의 쥐게 된 것은 일제 강점보다 더한 역사의 수치입니다. 반민족행위자가 부와 권력을 대물림한 경우는 세계 역사상 유래가 없었는데 단 한 나라, 대한민국이 예외적인 국가가 되었습니다. 그래서 20세기의 지성 장-폴 사르트르는 생애 내내 대한민국을 하나의 국가로 인정하지 않았습니다. 이 얼마나 부끄러운 일입니까.

편찬위원회 윤경로 위원장은 기자회견에서 이번 명단 발표가 친일인사들의 법적 책임을 묻는 것이 아니라 역사를 기록하는 작업이라고 말했습니다. 그렇지요. 감춰진 역사, 왜곡된 역사를 바로잡지 않고 살아가면서 올림픽과 월드컵을 유치했다고 하여 선진국이 되는 것이 아닙니다. 친일파의 후손인 여러분은 조상의 이름이 들먹여지는 것에 수치심이 느껴지고 어떤 경우 억울한 바가 있다고 생각되겠지만 법적 대응은 자제했으면 좋겠습니다. 친일인명사전편찬위원회에서는 여러분의 조상이 친일행위를 한 흔적을 분명히 남겼기에 그 자료에 근거하여 선정한 것이기 때문입니다.

참으로 슬픈 일은 그대들 친일파의 후손이 '조상 땅 되찾기' 소송에서 수십 년 동안 승소했다는 것입니다. 친일파로서 고위직에 오른 이들, 즉 을사오적·을미칠적·경술국적 등으로 불려지는 이들은 나라를 팔아 넘긴 대가로 일제로부터 땅을 받기도 했고 제각기 토지 매입에 적극적으로 나섰습니다.

예컨대 대한제국의 농상공부대신이었다가 일진회 총재, 조선총독부 중추원 고문이 된 송병준이 전라도 어디의 비옥한 땅을 사겠다고 마음먹습니다. 누구의 청입니까. 그 땅을 갖고 있던 지주 모씨는 시세의 반도 안 되는 싼값에 그 땅을 팔 수밖에 없습니다. 친일에 앞장서 부과 권력을 당대에 여한 없이 누린 이들의 후손이 조상 덕에 수천 평의 땅을 자기 소유로 하여 수백 억을 갖는다는 것이 모순이 아니라 합법인 현실이 너무 슬픕니다.

60년 동안이나 덮여 있던 우리 역사의 한 장이 이제 비로소 펼쳐졌습니다. 지금에 와서 친일인사 당사자를 단죄할 수는 없습니다. 그 후손인 여러분을 코너에 몰아넣고 당신 조상이 잘못했으니 하늘 우러러 부끄러워하라고 공박할 수도 없습니다. 봉인되어 있던 과거사를 백일하에 드러냈다는 데 이번 명단 발표의 의의를 두고 싶습니다. 역사를 제대로 기술하지 않은 우리가 일본의 역사 왜곡을 어찌 당당하게 탓할 수 있겠습니까.

제 14신

독도에 함께 간 시인들에게

　독도로 가는 길은 쉽지 않았습니다. 사단법인 한국시인협회 소속 100명의 시인과 30명의 취재진, 10명의 민속 연희 공연자가 포항발 울릉도행 배에 승선한 것은 2005년 4월 3일 오전 10시경이었습니다. 파도가 제법 심했지만 2시간 반을 항해한 승객들은 이제 30분 후면 울릉도에 도착할 것이라는 꿈에 부풀어 있었습니다. 대다수 승객이 심한 파도에 따른 뱃멀미로 기진맥진해 있는 시각에 선장은 고개를 절레절레 흔들었습니다. 파도가 심해 도저히 울릉도에 배를 댈 수 없다고 판단, 포항으로 회항하겠다는 방송을 했습니다. 돌아가는 길은 더욱 멀고 지루했습니다. 근 6시간의 항해를 한 다음날은 9시간의 항해를 하게 됩니다.

 4일 아침 다시 배를 탄 일행은 다음날 오후 1시경에는 다행히 울릉도에 내려 곧바로 작은 배로 갈아탔습니다. 점심을 먹을 새도 없었지만 속이 울렁거려 밥을 먹을 수가 없었습니다. 파도는 보통 이상으로 심했고, 독도는 끝내 시인들의 기착을 허락하지 않았습니다. 시인들은 독도를 바라보며 시를 낭송할 수밖에 없었다. 성찬경 · 고은 · 오세영 · 김종해 · 유안진 · 이기철 등 이 시대의 대표적인 시인들이 바람 찬 선상에서 일본의 독도 영유권 주장이 잘못되었음을 일깨워주는, 독도가 우리 땅임을 만천하에 알리는 시를 낭송했습니다.

 4일 밤에는 울릉도민을 모시고 시 낭송회를 열면서 아쉬움을 달래야 했습니다. 시인들은 울릉도 경비대원들에게 과일과 책을 전하며 독도경비대원들에게 전해줄 것을 부탁하였고, 주민등록지를 독도로 옮긴 독도 지킴이 편부경 시인에게 한국시인협회 독도지회 설립 인가증을 수여했습니다.

 왜 우리들은 독도에 가고자 했던 것일까요? 혹자는 시인들이야 시만 쓰면 되지 그렇게 우르르 몰려가서 그런 행사를 가질 필요가 있느냐고 비난할 수도 있을 것입니다. 하지만 유사이래 시인이 그 사회의 피뢰침 내지는 예언자의 역할을 한 경우가 참으로 많았기에 역사적 소명의식을 다하려 했다고 봐주어야 할 것입니다. 시가 그저 음풍농월이고, 자신의 내면세계를 토로하는 것이고, 사랑의 기쁨과 이별의 슬픔을 노래

하는 것이라면 시의 존재 의의는 현저히 축소될 것입니다. 그 사회의 당면과제를 껴안고 피눈물을 흘리는 시인이 없었다면 일제 강점기하의 우리 문학은 어떻게 되었을까요. 생각해 보십시오. 한용운과 이상화와 심훈이 없는 우리 문학사를. 이육사와 윤동주가 없는 우리 문학사를. 이광수와 최남선밖에 없는 우리 문학사를.

  1905년 내각회의의 결정이 내려진 그 순간부터 일본 영토로 귀속되었다고 주장하는 일본인들에게 1900년 고종황제의 칙령으로 독도를 울릉군의 한 부속도서로 강원도에 편입시켰다고 알려주는 일을 언론인이나 사학자가 아닌 시인들이 하고 싶었던 것입니다. 교과서조차도 왜곡하여 기술하고, 그런 교과서를 쓰라고 권장하는 일본 위정자들에게 문학인의 기개가 서슬 푸르게 살아 있음을 시인들이 알리고 싶었던 것입니다. 문학은 역사와 나눠질 수 없습니다. 프랑스대혁명이 없었더라면 스탕달과 발자크 같은 작가는 이 지상에 존재하지 않았을 테고 동학혁명이 일어나지 않았더라면 이 땅의 명작 『토지』도 전혀 다른 식으로 씌어졌을 것입니다. 역사에 동참한 시인, 그들의 긴 항해를 위로하고 싶습니다. 독도를 보고 온 뒤에 쓴 시를 여러분들에게 보여드리고 싶습니다.

    혼자 잠든 긴 밤들이 있었다
    바람 소리 물결 소리 자장가 삼아

앓아도 혼자 앓았던 많은 밤들이 있었다

독도를 삼키려 하지 말아라
독도를 내 것이라 말하지 말아라

내 돌품에 뿌리내린 식물들이 알고 있다
내 돌머리에 깃든 새들이 알고 있다
내 돌밭에 기어다니는 바닷게들이 다 안다

나 혼자서
밤에는 동해 저 큰 바다 다스렸고
낮에는 저 뜨거운 태양과 싸웠었다

나는 오래 전부터 죽도가 아닌 독도
독도는 온전히 내 것이로다

—「늘 혼자였던 섬」 전문

제 15신

윤동주 시의 애독자들에게

윤동주의 「서시」와 「별 헤는 밤」 좋아하시지요? 저도 참 좋아하는 시입니다. 그의 「또 다른 고향」을 분석하는 글도 쓴 적이 있는 저는 1999년 7월 20일부터 24일까지 중국 여행을 했습니다. 그 여행에는 뚜렷한 목적이 있었으니, 윤동주 시인의 발자취를 찾아보고 기행문을 써 계간 문예지 『시안』에 싣는 것이었습니다. 그때 저는 윤동주의 출생지인 길림성 화룡현 명동촌의 생가와 윤동주가 다닌 학교 중 하나인 길림성 용정시 용문가에 있는 용정중학교 윤동주가 다닐 때의 이름은 은진중학교를 찾아보고서 「윤동주 시인의 발자취를 찾아서」를 썼습니다. 자금성과 이화원, 만리장성 등 북경 일대의 관광지와 백두산 정상도 밟아보아야 했기 때문에 무척 빡빡한 여행 일정이었습니다. 그래서 찾아가 보는 것이 무척 까다롭다는 가이드의 말을 따라 윤동주의 묘소는 찾아보지 못하고 귀국하고 말았습니다. 출생지와 학교와 묘소 세 군데는 반드시 답사하고 와서 써야 할 글을 두 군데만 보고 와서 썼기에 마음 한구석이 찜찜했는데 다행히도 2003년 10월에 윤동주의 생가와 용정중학교를 다시 방문한 것은 물론 4년 전에 못 가 보았던 윤동주의 묘소를 찾아보았고, 독립운동의 근거지였던 용두레 우물터와 해란강, 일송정 및 안중근 의사가 이토 히로부미를 저격한 하얼빈 역까지 찾아보아 무척 뜻깊은 여행을 할 수 있었습니다. 그래서 저는 이제 비로소 시인 윤동주의 발자취를 더듬는 여행기를 완성할 수 있게 되었습니다. 편지를 쓰면서 어떤 부분은 지난번 여행기를 인용할 것이고, 또 윤동주의 생애를 완벽하게 복원한 송우혜의 명저『윤동주 평전』개정판세계사, 1998도 적절히 참고할 것입니다.

  2003년 10월 18일부터 23일까지의 중국 여행은 한국학술진흥재단의 지원으로 이루어졌습니다. 박경리의 소설『토지』를 연구하는 팀정식 명칭은 '박경리『토지』의 데이터베이스 구축을 위한 기초자료 축적 및 한국 근대사의 서사화에 대한 〈미시문화사적 연구〉 연구 팀'임의 일원으로 중국을 방문한 저는 『토지』의 공간 연구를 위한 자료 수집이라는 일차적인 목표도 중요한 것이기는 했지만 4년 전의 여행 시에 찾아보지 못했던 윤동주의 묘소를 볼 수 있다는 일정표를 보고 마음이 잔뜩 부풀어 있었습니다. 여행 일정은 인천→장춘→연길→용정→권하→연길→하얼빈→인천이었고, 윤동주 관련

여행 일정은 10월 20일로 잡혀졌습니다.

  윤동주는 1917년 12월 30일 중국 길림성 화룡현 명동촌에서 태어났습니다. 윤동주는 왜 중국에서 태어났던 것일까요. 만주는 척박한 함경도 땅과는 달리 농사짓기에 적합한, 아주 비옥한 토지를 갖고 있었습니다. 두만강변의 도시 회령과 종성 등지에 살던 네 가문의 대소가 141명이 1899년에 일제히 고향을 떠나 두만강을 건너갔으니 대규모 이주였습니다. 만주 땅에서 농산물을 많이 수확해 좀 잘살아보자는 뜻이 가장 컸습니다. 사람들이 많이 살지 않는 그곳에 들어가 삶으로써 간도를 우리 땅으로 만들어보자, 기울어가는 나라의 운명을 바로잡을 인재를 보다 자유로운 분위기에서 키우자, 뭐 이런 뜻도 이주민의 마음속에는 담겨 있었을 겁니다.

  명동에는 기독교가 일찍 전해졌고, 교육과 독립운동의 근거지가 되었습니다. 윤동주의 할아버지 윤하현은 네 가문이 들어간 다음해인 1900년에 한 발 늦게 18명의 식구를 이끌고 명동촌에 들어가 정착했습니다. 윤하현은 부유한 농부로서 기독교 장로였고 부친 윤영석은 명동학교의 교원이었습니다. 윤동주는 태어나자마자 장로교의 유아세례를 받았습니다. 출생 3개월 전에 고종사촌 송몽규가 태어나는데 두 사람은 삶과 죽음의 길을 함께 걸어가게 됩니다.

  생가는 잘 보존되어 있다기보다는 낡은 대로 방치되어 있다는 인상을 주었습니다. 집 안쪽에 비석이 하나 세워져 있는데, 비문의 표제는 '윤동주 생가 옛터'였습니다. 거기에는 이런 내용이 적혀 있습니다.

> 1932년 4월 윤동주가 은진중학교로 진학하게 되자 그의 조부는 솔가하여 룡정으로 이사하고 이 집은 매도되어 다른 사람이 살다가 1981년 허물어졌다. 1994년 룡정촌은 그 력사적 의의와 유래를 고려하여 룡정시 정부에서 관광점으로 지정하였다. 이에 지신향 정부와 룡정시 문련은 연변대학 조선연구중심의 주선으로 사단법인 해외한민족연구소의 지원을 받고 국내외 여러 인사들의 정성에 힘입어 1994년 8월 력사적 유물로서 윤동주 생가를 복원하였다.

여기서는 유적지를 '관광점'으로, 문학연맹을 줄여 '문련'으로 쓰는 것 같았습니다. 연구소를 '연구중심'으로 쓰는 것도 우리와는 다른 표기법입니다. 안내원은 이 집이 윤동주의 생가와 흡사하게 생긴 집을 여기다 옮겨놓은 것이라 했으므로 시인의 체취가 배어 있는 생가는 아니었습니다. 윤동주는 이 집에서 1917년 12월 30일에 태어나 1931년 늦가을, 용정가 제2구 1동 36호로 이사할 때까지 살았습니다. 어린이잡지 『아이생활』과 『어린이』를 구독하면서 시인에의 꿈을 막연히 키워가던 윤동주에게 있어 이 집은 그야말로 '지상의 낙원'이었을 것입니다.

윤동주는 1925년 4월 4일 명동소학교에 입학했습니다. 소학교 시절, 서울에서 간행되던 어린이잡지 『아이생활』을 구독하면서 '글'에 관심을 갖게 되어 급우들과 『새명동』이란 등사판 잡지를 만들기도 했습니다. 1931년 3월 20일 명동소학교를 졸업하자 친구들과 명동에서 10리 남쪽에 있는 중국인 소학교에서 1년간 공부했습니다. 마침 그 무렵 명동에 공산주의자들의 테러가 성행하여 늦가을에 용정으로 이사를 하고, 윤동주의 용정 시대가 이때부터 시작됩니다. 윤동주는 1932년 4월, 미션계 학교인 은진중학교에 입학합니다.

1934년 12월 24일은 오늘날 찾아볼 수 있는 그의 첫 작품인 시 「초 한 대」 「삶과 죽음」 「내일은 없다」를 쓴 날입니다. 1935년 4학년 1학기를 마친 상태에서 평양 숭실중학교로 전학을 시도하는데 편입시험 실패로 3학년으로 학년을 낮춰 입학합니다. 숭실중학교 학회지에 시 「공상」이 게재되어 최초로 활자화됩니다. 얼마 다니지도 못한 상태에서 숭실중학교가 신사참배 거부로 폐교를 당하자 윤동주는 용정으로 돌아왔고, 광명학원 중학부 4학년에 편입하여 1938년 2월에 졸업했습니다.

한편 1936년 4월, 중국에 가시 독립운동을 하던 송몽규가 일본경찰에 체포되어 함북 웅기경찰서로 압송되어 고초를 겪습니다. 용정중학교 역사전시관 벽에 도표로 그려진 학교 연혁사를 보면 은진중학교와 광명학원 중학부가 다 용정중학교의 전신前身에 들어가는 것이므로 시인은 이 학교에 5년 반을 다닌 셈입니다. 교정에 윤동주의 시비가 세워진 것은 당연한 일이라 하겠습니다. 시비가 세워진 것은 1992년 9월 10일이었고, 서울해외한민족연구소와 동아일보사가 후원한 덕분이 없습니다.

  윤동주는 1938년에 광명학원 중학부를 졸업하고 서울 연희전문 문과에 입학했습니다. 기숙사 3층 지붕밑 방에서 송몽규, 강처중과 함께 한 방을 쓰면서 대학 생활을 시작하게 됩니다. 1939년에는 기숙사를 나와 북아현동에서 하숙 생활을 시작했습니다. 이때 정지용을 찾아뵙고 시에 관해 질문을 한 것으로 알려져 있습니다. 1940년에 다시 기숙사로 돌아와 이 해에 같이 입학한 경남 하동 출신 정병욱과 친해졌습니다. 정병욱은 윤동주의 원고를 잘 간직했다가 광복 후에 시집으로 출간하여 윤동주라는 시인이 있었음을 세상에 알린 인물입니다. 1941년, 전시 학제 단축으로 3개월 앞당겨 12월 27일에 졸업하고는 졸업 후 한 달 반 고향집에 머무르는 동안 부친이 일본 유학을 권유하여 3월에 일본으로 건너갑니다. 1942년 4월 2일, 윤동주는 일본 도쿄의 릿쿄立教대학 문학부 영문과에 입학, 송몽규는 교토제국대학 사학과서양사 전공에 입학했습니다. 릿쿄대학에 재학중이던 1942년의 여름방학 때 잠시 귀국하는데, 이때 마음이 바뀌어 교토에 있는 도시샤同志社대학 영문학과로 전학을 했습니다. 송몽규가 있는 교토에서 대학생활을 하고 싶었기 때문일 수 있는데, 윤동주의 전학은 죽음의 길로 가는 지름길이 되고 맙니다. 1943년 7월 10일, 송몽규가 독립운동 혐의로 검거되고, 14일에는 윤동주도 검거되었습니다. 윤동주는 일제의 패망이 얼마 남지 않은 1944년 3월 31일, 징역 2년을 선고받고 후쿠오카福岡 형무소에서 수인

생활을 시작하게 됩니다.

시인이 죽은 것은 광복 6개월 전이었습니다. 교토에 와서 맞은 첫 여름방학 때 고향으로 돌아가지 않고 일본에 남은 것이 잘못이었을까요. 그해 7월 14일 윤동주는 나흘 전에 잡혀간 송몽규의 뒤를 이어 특고경찰特高警察에 의해 독립운동 혐의로 검거됩니다. 특고경찰이란 특별고등경찰을 줄인 말로 사상 감시를 주임무로 하는 특별한 경찰 조직입니다. 송우혜는 윤동주의 검거 이유를 이렇게 추리하고 있습니다.

그 동안 송몽규와 더불어 '조선의 독립'이니 '조선민족의 민족의식을 각성시키기 위한 문화운동'이니 하는 문제들을 놓고 의견을 나누면서, 자신은 앞으로 연극 분야에 투신해서 연극을 통한 민족문화운동을 해보고 싶다는 포부를 밝히기도 했던 것이다.

일경의 취조에 대해 그는 처음에는 묵비권을 행사하려고 했다. 그러자 취조관은 일련의 서류를 내보였다. 그것은 놀랍게도 거의 1년 가까이 미행하고 엿들어서 작성해놓은 기록이었다. 어느 달 어느 날은 몇 시에 하숙방 불이 꺼지고, 어느 날 어느 식당에서 송몽규와 윤동주와 고희욱 세 사람이 만나서 함께 회식을 했다든가, 어느 날은 몇 시까지 송몽규의 방에서 어떤 내용의 이야기를 그와 나누었다든가, 하는 식으로 소상히 적힌 것이었다.

윤동주는 이처럼 민족의 앞날을 걱정하고 독립에 대한 희망을 가졌을 뿐 별다른 행동을 취하지 않았음에도 불구하고 체포, 구금됩니다. 교토경찰서 유치장에서 검사국 감옥의 독방으로 이감되었고, 검사국에서 취조를 받은 후에 교토지방재판소에서 치안유지법 위반 혐의로 2년형을 선고받았습니다. 큐슈九州에 있는 후쿠오카 형무소에서도 그는 독방에 갇혔습니다. 매끼의 식사는 깡보리밥 한 덩어리에 단무지 몇 쪽과 묽은 된장국 한 그릇이 전부였습니다. 윤동주의 때 이른 죽음은 추위와 허기가 초래한 병 때문이 아니라 생체실험용 주사 때문이라는 설이 있습니다. 옥사 통지를 받고 윤동주의 부친과 함께 형무소에 가서 유해를 가져왔던 당숙 윤영춘의 증언 「명동촌에서 후쿠오카까지」, 『나라사랑』23집, 외솔회이 있습니다.

몽규가 반쯤 깨어진 안경을 눈에 걸친 채 내게로 달려온다. 피골이 상접이라 처음에는 얼른 알아보지 못하였다. 어떻게 용케도 이렇게 찾아왔느냐고 여쭙는 인사의 말소리조차 저 세상에서 들려오는 꿈 같은 소리였다. 입으로 무어라 중얼거리나 잘 들리지 않아서 "왜 그 모양이냐"고 물었더니, "저놈들이 주사를 맞으라고 해서 맞았더니 이 모양이 되었고 동주도 이 모양으로……" 하고 말소리는 흐려졌다.

윤동주와 같은 시기에 같은 감옥에서 옥살이를 한 독립유공자 김헌

술 씨도 5~10cc의 주사를 일주일 이상 맞으며 암산 능력을 테스트 받았다는 생체실험. 일제의 모르모트가 된 시인은 자신의 수인번호를 모기소리 같은 가냘픈 소리로 복창해 김헌술 씨는 시인의 수인번호를 기억하지 못하고 있습니다. 윤동주는 1945년 2월 16일 오전 3시 36분, 이국의 추운 독방에서 외마디소리를 높게 지르고는 운명했습니다. 27년 2개월의 짧고도 짧은 생애였습니다.

  비록 냉전 체제였다는 핑계를 댈 수는 있겠지만 우리는 1985년 이전까지 윤동주의 묘소가 중국 땅에 있다는 것조차도 몰랐습니다. 윤동주의 묘소는 한-중 국교가 맺어지기 전에는 중국 방문도 자유롭게 할 수 없던 터라 전혀 알려져 있지 않았습니다. 1985년 일본의 윤동주 연구가인 와세다早稻田대학의 오오무라 마수오大村益夫 교수가 용정에 있는 묘소와 비석의 존재를 한국의 학계와 언론에 소개하면서 비로소 알려진 것은 부끄러운 일입니다. 비문을 쓴 이는 1910년대 윤동주의 부친이 북경 유학을 갔을 때 같이 떠났던 5인의 유학생 중 하나로, 북경에서 돌아온 후에는 윤동주의 부친과 함께 명동학교에서 교편을 잡기도 한 김석관 선생이었습니다. 한자로 쓴 비문이 송우혜의 『윤동주 평전』에 번역되어 있습니다. 다음은 그 일부.

  그 재질 가히 당세에 쓰일 만하여 시로써 장차 사회에 울려퍼질 만했는데, 춘풍 무정하여 꽃이 피고도 열매를 맺지 못하니, 아아 아깝도다.

묘소를 새롭게 단장한 것은 현봉학 박사였습니다. 1988년 6월에 새로이 봉분이 단장되었고, '용정중학교수선龍井中學校修繕'이라는 글자가 새겨진 지석이 비석 앞에 놓여졌습니다. 바로 그해 윤동주장학회도 설립되었습니다. 우리 일행은 소형 버스를 타고 다녔는데 기사에게 용정의 동산東山에 위치한 중앙교회 묘지 터에 있는 윤동주의 묘소를 꼭 가보고 싶다고 간청했습니다. 기사는 그곳에 가본 적이 없다면서 산 초입에서 50대 후반으로 보이는 조선족 남자 한 분을 태웠습니다. 기사는 여행사 소속인데 윤동주의 묘소를 모른다니, 중국에 관광 오는 한국인 가운데 윤동주의 묘소를 찾는 사람이 많지 않다는 뜻일까요.

버스는 울퉁불퉁하고 꼬불꼬불한 산길을 30분은 족히 달렸습니다. 그런데 그 조선족 아저씨는 윤동주의 묘소가 어디인지 찾아내지를 못했습니다. 그는 엉뚱하게 중국인 묘지로 일행을 안내해 우리는 드넓은 공동묘지를 미로를 헤매듯 한참 동안 찾아다녀야만 했습니다. 한국인의 묘지는 둥그스름하고 잔디가 덮여 있었지만 중국인 묘지는 묘하게도 둥글지도 않았고 잔디도 없었습니다. 우리는 한참을 헤매다 '시인윤동주지묘詩人尹東柱之墓'라는 비석을 발견했습니다. 일행 중 누군가가 "술을 가지고 올 걸" 하고 말했지만 죽는 날까지 학생이었던 윤동주의 묘에 술을 뿌릴 필요는 없었을 같았습니다. 우리는 모두 고개 숙여 묵념을 했습니다. 시인의 묘지가 수백 기의 이국인 묘와 함께 공동묘지에 있는 것이 가슴아팠습니다. 하지만 윤동주는 사후에 영광을 누리고 있고, 그 영광은 한국시문학사와 더불어 영원할 것입니다. 비록 꽃다운 나이 스물여덟 살에 작고했지만 윤동주는 시로써 아름다운 꽃을 피웠고 실한 열매를 맺었습니다.

시인이 4년 동안 수학한 연희전문학교현 연세대학교의 교정에는 시비가 서 있습니다. 작고 50년 뒤인 1995년 2월 16일에 이 시비 앞에서 윤동주 시인 50주기 추도식이 거행된 바 있습니다. 놀라운 것은 같은 날 일본 도시샤대학에서도 시비 제막식과 아울러 윤동주를 기리는 모임이 거행되었다는 것입니다. 꽃다운 나이의 한국 유학생을 사지로 보낸 후쿠오카에서도 그날 윤동주 50주기를 맞아 위령제가 거행되었습니다. 그의 시「서시」는 몇 년 전부터 일본 고등학교 국어 교과서에 실려 양국의 청소년들이 다 즐겨 암송하는 유일한 시가 되었습니다. 일본에서도 윤동주의 죽음을 애도하게 되었는데, 그것은 하늘을 우러러 한 점 부끄럼이 없기를 바랐던 시인의 순정한 마음 때문이었을 것입니다.

시인의 유고시집『하늘과 바람과 별과 시』가 1948년 정음사에서 초간본이 나왔을 때는 30편의 시가 실려 있었지만 1968년의 증보판에는 시 66편, 동시 22편, 산문 5편이 실려 윤동주 시인의 시 세계가 전모를 드러내게 되었습니다. 마광수의『윤동주 연구』정음사, 1983는 학계의 성과로 평가되고 있고, 이건청의 윤동주 평전『나의 별에도 봄이 오면』문학세계사, 1981에는 시인의 생애가 비교적 잘 정리되어 있습니다. 하지만 윤동주 시인이 어떤 삶을 살았는지를 소상히 알려면 송우혜의『윤동주 평전』을 읽어보아야 합니다. 현재까지 윤동주에 관한 논문은 박사학위 논문을 포함하여 300편이 넘게 나와 있습니다. 윤동주의 묘소를 찾아보고 온 뒤에 아래의 시를 썼습니다.

그대 죽는 날까지 학생이었기에
죽는 날까지 한 점 부끄럼 없기를 바랐기에
술은 갖고 오지 않았다
포 몇 개와 과일 두어 개 놓고 절 올린다
시인윤동주지묘 앞
바람도 구름도 가다가 잠시 멈추는
이곳, 순정한 조선 청년 하나 묻혀 있는
용정의 동산, 중앙교회 묘지 터

꺼질 듯 가냘픈 목소리로 대답하여
그대 수인번호를 아무도 모른다
그대 무슨 이유로 끌려갔는지
무슨 고문을 당했는지
무슨 주사를 맞았는지
누가 진 십자가인들 무겁지 않으랴
누가 가는 길인들 수고스럽지 않으랴만

그대 이국의 차가운 독방에서

외마디 비명을 지르고 죽었다지

돌보는 사람 없나 잡초 쭈뼛쭈뼛 목을 내미니

'용정중학교수선'이란 일곱 글자

새겨진 지석이 쑥스럽다는 듯 웃는다

죄 없는 자의 무덤 가에

꽃이 피었구나 처음 보는 꽃

꽃 피웠어도 열매 맺지 못한

그대보다 나 곱절을 더 살았으니

부끄럽다 부끄럽다고 외치며

여기 주저앉고 싶을 뿐

— 「시인윤동주지묘 앞에서」 전문

제 16신

이육사문학상을 심사하고 돌아와서, 아들에게

주형아, 아빠는 최근2004년 6월 말에 대구에 다녀왔어. 대구방송국TBS과 안동시가 공동으로 제정한 제1회 이육사문학상의 심사예심를 의뢰받았기 때문이야. 수상자는 작품세계의 질은 물론이거니와 시정신과 시인으로서의 행보에 있어 늘 정도를 걸어왔다고 여겨지는 시조시인 정완영 씨로 결정이 났다. 시상식은 7월 31일, 육사의 고향 안동에서 있을 예정이야.

이 상이 제정된 이유가 있단다. 2004년 올해는 육사 탄생 100주년에 서거 60주년이 되는 뜻깊은 해이기 때문이야. 일제 강점기 시대 말기에 거의 대다수 문인이 친일의 족적을 남겼지만 이육사는 한용운·윤동주 시인과 더불어 일제에 아부하는 글을 단 한 줄도 남기지 않았어.

윤동주가 일본 후쿠오카 형무소에서 죽어갔던 것처럼 이육사도 중국 북경에 있는 일본영사관 소속 경찰감방에서 40년을 채우지 못하고 생을 마감했어. 독립운동을 어떻게 했는지는 정확하게 알려져 있지 않지만 일본경찰의 요감시 인물이었던 육사는 1943년 늦가을에 일본경찰에 체포되어 북경으로 압송되어 조사를 받았대. 북경으로 끌려가 조사를 받은 이유는 육사가 중국 난징의 조선혁명정치간부학교를 졸업한 뒤 중국을 내왕하며 모종의 독립활동을 전개했기 때문이야. 경찰의 조사와 심문은 지독했을 것이다. 육사는 1927년, 조선은행 대구지점 폭파사건의 주모자로 체포되어 심한 고문을 당한 이후 몸이 많이 약해졌다고 해. 그 사건은 장진홍이란 자가 일으킨 것으로, 사건 발생 1년 4개월이 지나서야 장 의사가 일본에서 체포되어 육사는 풀려났단다. 중국으로 압송되었을 때 폐결핵에 걸려 있던 육사는 치료는커녕 잘 먹지도 못했을 것이고, 추운 감방에서 겨울을 나지 못하고 1944년 1월 16일에 눈을 감고 말았다.

최근 언론 보도 중에는 미당시문학관에 시인의 친일작품이 전시되어 있다는 것이 눈길을 끈다. 7월 14일부터 친일작품 11편 중 6편과 자신의 친일행위를 해명한 작품 1편, 전두환 전대통령을 찬양한 시 1편 등 모두 8편을 액자로 제작해 전시하고 있다는 것이다. 우리 시문학사의 거목인 미당 선생이 남긴 오점은 그분의 제자였던 이 아빠의 옷깃을 여

미게 한다. 글은 후세에 길이 남는 것이기에 내 양심과 영혼을 담아서 써야 한다는 교훈을 두 시인은 함께 가르쳐주기 때문이지.

전시된 작품은 「송정오장松井伍長 송가頌歌」, 「항공일에」, 「헌시―반도학도 특별지원병 제군에게」, 「무제―사이판 섬에서 전원 전사한 영령을 맞이하며」 등 친일시 4편과 친일수필 「스무 살 된 벗에게」, 친일소설 「최체부崔遞夫의 군속지망軍屬志望」, 해방 후 자신의 친일을 해명한 시 「종천순일파從天順日派」, 전두환의 56회 생일을 맞아 헌사한 축시 「처음처럼―전두환 대통령 각하 56회 탄신일에 드리는 송시」 등이다. 이 가운데 「송정오장 송가」는 일본군에 강제로 징집되어 가미카제 특공대원으로서 미 항공모함에 자폭하여 죽은 황해도 개성의 인씨 성을 가진 조선인 학도병의 죽음을 미화한 작품이야. 다른 조선인 학생들도 그의 죽음을 본받아 용약 침략 전쟁일본은 이 전쟁을 성전聖戰이라고 표현했다에 참가해야 한다는 것이 이 시의 주제란다.

　　아아 레이테만灣은 어데런가.
　　언덕도
　　산도
　　뵈이지 않는,
　　구름만이 둥둥둥 떠서 다니는
　　멧천 길의 바다런가.

아아 레이테만灣은

여기서 멧만 리런가……

귀기울이면 들려오는

아득한 파도 소리……

우리의 젊은 아우와 아들들이

그 속에서 잠자는 아득한 파도 소리……

얼굴에 붉은 홍조를 띄우고

"갔다가 오겠습니다"

웃으며 가더니,

새와 같은 비행기가 날아서 가더니,

아우야 너는 다시 돌아오진 않는다.

마쓰이 히데오!

그대는 우리의 오장伍長. 우리의 자랑.

그대는 조선 경기도 개성 사람

인씨印氏의 둘째아들. 스물한 살 먹은 사내.

마쓰이 히데오!

그대는 우리의 신풍특별공격대원神風特別攻擊隊員.
귀국대원歸國隊員.

귀국대원의 푸른 영혼은
살아서 벌써 우리에게로 왔느니,
우리 숨쉬는 이 나라의 하늘 위에
조용히 조용히 돌아왔느니.

우리의 동포들이 밤과 낮으로
정성껏 만들어 보낸 비행기 한 채에
그대, 몸을 실어 날았다간 내리는 곳,
소리 있어 벌어지는 고운 꽃처럼
오히려 기쁜 몸짓 하며 내리는 곳,
쪼각쪼각 부서지는 산더미 같은 미국 군함!

수백 척의 비행기와
대포와 폭발탄과,
머리털이 샛노란 벌레 같은 병정을 싣고
우리의 땅과 목숨을 뺏으러 온
원수 영미英米의 항공모함을

그대

몸뚱이로 내리쳐서 깨었는가?

깨뜨리며 깨뜨리며 자네도 깨쳤는가―

장하도다

우리의 육군 항공 오장 마쓰이 히데오여.

너로 하여 향기로운 삼천리의 산천이여.

한결 더 짙푸르른 우리의 하늘이여.

아아 레이테만灣은 어데런가

멧천 길의 바다런가.

귀기울이면

여기서도, 역력히 늘려오는

아득한 파도 소리……

레이테만의 파도 소리……

―「송정오장 송가」전문

    당시 항공기를 몰 수 있는 오장소대장은 전문대학생 이상이어야 했다. 연희전문이나 보성전문에 다니던 스물한 살 먹은 인씨 성을 가진 젊은

이의 죽음 앞에서 "기쁜 몸짓 하며 내리는 곳" 운운은 아무리 생각해도 너무 심했어. 나의 스승이신 서정주 선생님은 절대로 쓰지 말았어야 할 시를 썼고, 이 시는 아빠를 무척 슬프게 한다.

  미당시문학관의 이번 조치는 민족문제연구소 전북지부와 태평양전쟁유족회 고창지부가 2년 8개월 동안 요구한 '친일·친독재 작품 병행 전시' 요구를 미당시문학관 이사회가 받아들여 이뤄졌다고 해. 잘한 일이야. 절대로 써서는 안 될 글을 쓴 위대한 시인의 오점을 들여다보며 아빠는 나 자신을 돌아보는 시간을 갖게 되었다. 아빠가 그 시절에 태어났더라면 과연 친일작품을 한 편도 쓰지 않았을 것인가 하는 문제는 늘 나를 옥죄는 엄숙한 명제였어. 그런데 한용운·윤동주·이육사 등을 보렴. 육사는 독립운동을 했기 때문에 엄동설한 한겨울에 이국의 감옥에서 목숨을 잃었다. 주형이도 세 시인의 행보를 보면서 목에 칼이 들어와도 써야 할 글과, 목에 칼이 들어와도 쓰지 말아야 할 글이 있음을 깨달았으면 해. 펜이 칼보다 강한 이유가 여기에 있어. 제1회 이육사 문학상의 심사를 했다는 것은 아빠로서는 참으로 영광스런 일이었다.

제 17신

새벽에 쓴 시, 새벽에 읽다

서정주 선생님께

 2000년 12월 26일, 삼성의료원 영안실에서 선생님은 환히 웃고 계셨습니다. 집안일 때문에 부고를 접하고 바로 찾아가지 못하다가 그날 늦은 오후에야 택시를 잡아탔습니다. 커다란 영정 속, 참 잘 어울리는 흰 두루마기를 입으시고서 스승은 미련하기 짝이 없는 제자를 보고 다 용서한다는 듯이 웃고만 계셨습니다. 저는 조문객들 속에 앉아 있는 것이 너무나 부끄러워 빈속에 술만 거푸 들이부었습니다. 학교 선배님들이 오면 더 뵐 면목이 없을 것 같아 일찌감치 자리에서 일어났습니다.

'선생님, 용서해주십시오. 제가 선생님의 크신 사랑은 헤아리지 못하고 몇 번의 정치적 과오를 두고 줄곧 원망해 왔습니다. 글로도 쓴 적이 있습니다. 선생님을 비난할 자격이 적어도 저한테는 있지 않은데 말입니다.'

그랬습니다. 저는 대학 재학시절 4년 중 네 학기나 선생님으로부터 시를 배웠습니다. 저는 선생님이 한창 사경을 헤매고 계실 때 문예지 『정신과 표현』2001. 1/2월호에 스승을 비판하는 글 「미당 서정주 선생님께」를 발표했습니다. 미당 비판이 점증되고 있는 요즈음, 거기에 대해 제가 나서서 무어라 의견을 내놓고 싶지는 않습니다. 다만 책이 우송되어 오고 이틀 뒤에 돌아가신 선생님께 사죄하고 싶어 이 글을 씁니다. 송구스러운 마음만 가슴에 뼈에 사무칠 따름입니다.

제자들에 의해 '말당末堂 선생님'이라는 애칭으로 불리기도 했던 선생님은 서라벌예술대학 문예창작학과가 고고의 울음을 터뜨린 1954년부터 이 학과와 인연을 맺었습니다. 스승의 대학 강단 경력은 동아대학교 전임강사에서 시작되어 광주 조선대학교 부교수를 거쳐 서라벌 예술대학 교수로 이어진 것인데, 동국대학교 국문학과 교수로 자리를 옮긴 이후에도 계속 중앙대학교에 나와 강의를 했습니다. 스승은 1979년 8월에 동국대학교에서 정년을 맞이하셨고, 1985년 경기대학교 대학원 초빙교수로 취임하실 때까지 중앙대학교 문예창작학과에서 시 강의를 했습니다.

  30년 동안 중앙대학교에 때로는 교수로 몸담고 계셨고, 때로는 강사로 출강하셨으니 그 동안 배출한 시인의 수를 손가락으로는 헤아릴 수 없을 것입니다. 다른 학교 강의 시간과 겹쳐, 혹간 해외여행을 떠나시느라 강의가 중단된 해가 있기는 했지만 동국대학교와 더불어 중앙대학교와의 인연도 스승의 생애를 관통한다고 해야 할 것입니다.

  작고하신 시각이 한밤이 아니었던가요? 저는 이상하게도 돌아가신 그 다음날, 선생님의 시「사경四更」이 언젠가 당신이 죽게 될 그 순간을 생각하며 쓴 시가 아닌가 하고 시집을 찾아보았습니다. 마침 시각도 밤 1시가 넘어 있었습니다.

  옛 사람과 동시대인, 꽃과 새, 산과 나무, 바다와 바람……. 선생님은 참 많은 것들을 노래했지만「사경四更」은 나와 난초와의 교감이라는 독특한 세계를 보여준 작품입니다. 선생님은 그 한밤에 잠을 못 이루다 문득 생각했던 것이겠지요. 새벽 지샐 녘에 피어난 저 난초 한 송이는 나의 손때를 기억하고 있으리라고. 나의 손때를 "씻어 헤운" 그 누구는 도대체 누구일까요? 사람은 아닐 터이니 운명의 힘, 인연의 고리, 아니면 생명체의 생명력?

아무튼 고요한 새벽에 새로 피어날 수 있으니 생명은 참 얼마나 위대한 존재인가요. 하지만 생명은 유한하여 설사 죽어 윤회하게 될지라도 일단은 명부에 들 수밖에 없을 것입니다. 선생님은 어느 밤, 이런저런 생각을 하느라 잠을 잊고 계셨을 것임에 틀림없습니다.

시 감상에서 한 걸음 빗겨나, 알려져 있지 않은 스승에 대한 일화를 몇 가지 들추고 싶습니다.

송기원 선배님이 증언한 바, 스승이 즐겨 하신 말씀이 있습니다. "내가 서라벌 문창과에서 받은 강사료는 집에 갖고 간 적이 없어." 강의실 바깥에서 스승의 말씀을 듣고자 하는 제자들의 유혹을 못 이기는 척, 수도 없이 넘어가신 선생님은 제자 사랑을 술을 사는 것으로 보여주시곤 했습니다. 80년대 전반기에 대학을 다닌 나는 불행히도 그런 술자리에 초대된 적이 한 번도 없습니다. 그 시절에도 제자 몇이서 교문을 향해 걸어가시는 스승을 붙잡고 "선생님, 오늘은 날씨도 이렇게 구중중한데 요 밑에서 술이나 한잔하고 들어가시는 것이……" 하며 이끌었다면 절대로 거절하지 않으셨을 것입니다. 그러나 수업 시간 중에도 데모 함성이 들려오고 학우가 연거푸 구속되는 살벌한 분위기 속에서 학생 운동에 대해 늘 반대의 의사를 분명히 표하는 스승에게 그 시대의 제자는 정말 다가가기가 어려웠습니다.

서라벌 시절, 스승은 박이도 · 이근배 · 송수권 · 신중신 · 이건청 · 윤금초 · 권오운 · 마종하 · 김형영 · 임영조 · 김종철 · 송기원 · 이시영 등 제자 거의 대부분과 술을 마신 기억을 갖게 되는데, 살림을 맡은 부인 방옥숙 여사로서는 이 점 무척 못마땅하셨을 것입니다. 하지만 부부의 도타운 금슬은 누구나 아는 사실이고, 스승은 상처하시고 정확히 75일 만에 방 여사의 뒤를 따라 영원히 머물 집을 향해 떠나셨습니다.

아직도 김형영 · 임영조 시인 등 몇몇 제자는 스승의 술집 순례 이유를 제자 사랑 때문만은 아니라고 주장하고 있습니다. 설은 모두 세 가지입니다.

첫째 설은 스승은 술집에서 강의하기를 좋아했다는 것이다. 교실에서의 강의는 "모름지기 시는 손끝으로 쓰는 것이 아니라 가슴으로 쓰는 것, 더 좋은 시는 손끝과 가슴으로 쓰는 것"이라는 똑같은 내용이었지만 술집에서는 농담을 섞어가면서, 옛 추억 회고도 하시면서 다채로운 내용으로 명강의를 하셨다는 것.

둘째 설은 길음시장 어느 술집의 주모 혹은 술집 여급를 좋아했기 때문이라며 스승을 호색한으로 모는 것인데, 이것은 주모에게 서정주 시인의 시 가운데 아는 것을 외어보라고 부추기던 제자들의 장난기가 만들어낸 설일 것입니다.

셋째 설은 간밤에 혹은 최근에 마음에 드는 시를 1편 탈고했기 때문이라는 것입니다. 이 모든 것, 설일 뿐입니다. 아무튼 스승은 임영조 등에게 자작시를 자주 보여주며 조언을 구하곤 했습니다. 어린 제자의 안

목을 높이 평가하여 귀를 기울였고, 시어를 몇 개 바꾸기도 한 것은 스승의 도량이 그만큼 넓었기에 가능한 일일 것입니다. 교수 평가를 학생들이 행하는 오늘날의 대학 풍토에서는 상상하기 어려운, 태곳적 신화가 너무 아름답습니다.

그렇지만 미당 선생이 모든 제자에게 공평히 사랑을 베풀었던 것은 아닙니다. 2, 3학번 위 선배가 한 분 있습니다. 스승께 줄기차게 작품을 보여드렸지만 스승은 도무지 인정을 하지 않으셨습니다. 곧잘 이렇게 말씀하시면 기만 꺾을 따름입니다. "자네는 시를 쓰려 하지 말고 다른 길을 찾아보게. 아 참, 교직과목 들고 있지? 아이들 열심히 가르치며 사는 것도 보람된 일이네."

스승으로서야 아무리 지켜봐도 싹수가 안 보이니 시에 목을 매지 말고 자기한테 맞는 길을 찾으라고 조언을 하신 것이겠지만 그 선배의 입장으로서는 그 말씀을 들을 때마다 얼마나 참담했을 것일까요. 4학년 2학기가 저물도록, 아아 종강하는 날까지도 선배는 스승의 인정을 받지 못했습니다. 사은회 날, 그 선배는 며칠 밤을 새며 고친 시를 술을 몇 잔 마신 김에 호기롭게 내밀었다고 합니다. 아마도 마지막 기회라 생각하고는 자신의 모든 역량을 쏟아 부어 '목숨을 걸고' 쓴 시였겠지요. 선배의 시를 받아 한참을 묵묵히 읽으신 스승은 불그레한 얼굴로 미소를 지으셨습니다. 침묵이 흘렀고, 그 자리의 모든 사람이 스승의 입을 주

시했습니다. 스승은 고개를 끄덕이며 일갈하셨습니다.

"역시 자네는 안 되겠어. 시인이 될 꿈은 오늘로 완전히 버리는 게 좋겠네."

교문을 떠나는 제자에게 마지막 한 마디, 속에 없는 덕담을 해줄 수도 있었을 터인데, 스승에게 '아닌 것'은 끝내 아니었습니다. 선배는 그날 대취하여 집에 들어가지도 못하고 여관방 신세를 졌다고 합니다.

완전히 다른 경우도 있습니다. 홍우계 선배는 대학 3년 동안 쓴 모든 시가 학우들에게 난도질당하고 미당 선생에게 매도되는 수모를 겪다 참담한 심정으로 군대에 갔다고 합니다. 논산훈련소의 악명 높은 조교였던 선배는 신병의 사물함에 정음문고 제44권 『서정주시선徐廷柱詩選』이 있는 것을 보고는 압수합니다. 대학시절에 시를 가르쳤던 스승의 시를 뒤늦게, 책이 닳도록 읽은 홍우계 선배는 비로소 시가 무엇인지 알게 되었습니다. 울화앙앙한 마음으로 보낸 대학시절을 뼈저리게 반성하게 되더라는 것입니다.

마침내 스승이 단 한마디로 선배를 인정하는 날이 옵니다. 제대해서 나타난 제자가 시를 칠판에 판서했을 때 스승 왈, "굼벵이가 군대 갔다 오더니 매미가 되었네그려." 홍우계 선배를 《현대문학》으로 등단시킨 스승은 지방에 내려가 교사 생활을 하는 제자에게 때때로 전화를 걸어 안부를 물을 정도로 자상한 면이 있었습니다. 전화를 교장 선생님께 먼저 걸어 제자의 위상을 한껏 올려준 저의는, 잡무를 많이 맡겨 시 쓸 시간을 빼앗지 말라는 배려를 교장 선생님이 알아서 하기 위함이 아니었을까요.

홍 선배가 근로장학금을 탔다는 희소식을 들은 시골 어머니는 '근로'의 뜻은 잘 모르겠으나 '장학금'이라는 말에 그만 감격했습니다. "고마우신 교수님께 내가 무슨 선물을 해야 할 텐디 뭐가 좋을랑가." 고민 끝에 만든 것이 토속주였습니다. 우직한 아들은 개강 첫날, 커다란 플라스틱 통에 가득 담긴 술을 지고 강의실로 들어와 학우들의 열렬한 박수를 받습니다. 미당 선생은 희색이 만연하여 이렇게 말했습니다.

"오늘 수업은 없네. 우리 모두 홍홍기(홍우계 시인의 본명) 군 어머니가 손수 담그신 저 술에 취해보세."

스승과 제자가 학교 잔디밭에 둥글게 앉아 권커니 작커니 술잔을 돌리는 동안 서쪽 하늘에는 노을이 번지는 것이었습니다. 술이 있는데 가무가 빠질 수 없습니다. 스승은 그날, 이미 날 저문 캠퍼스 한 구석에서 제자들이 합창한 「푸르른 날」을 듣고 눈물을 글썽이며 기뻐하셨다 합니다. 그날 스승이 부른 노래의 제목을 기억하는 제자는 없습니다. 모두 너무나 취했기 때문에.

스승은 시가 무엇인지 아는 제자에게는 전폭적으로 사랑을 쏟았습니다. 시를 잘 못 쓰는 다른 학우가 보면 이것은 아닌게아니라 '편애'였습니다. 귀가 커 '이소(耳꽃)'라는 호를 받은 임영조 선배나, 마르지 않고 흐르는 계곡 같은 시인이 되라고 '우계又溪'라는 호를 받은 홍흥기 선배는 특별히 많은 사랑을 받은 경우에 속합니다. 또한 재주 비상한 송기원 선배님을 선생님이 얼마나 각별히 사랑하셨던가는 당신의 산문집『미당수상록未堂隨想錄』민음사, 1976에 잘 나와 있습니다.

오전 아홉 시부터 시작되는 중앙대학교 문예창작과 4학년 교실로 들어가려는 길에 송기원 군을 만나 그의 웃음도 아닌 웃음 앞에 나는 주춤거리고 있었다. 여기 4년생 송기원 군은 금년째 8년을 이 학교에 다니고 있다. (중략)

너는 '피'라는 것을 너무 과도히 믿고 있는지 모르지만, 그것은 결국은 물이다. 피는 물과 색소의 반죽으로 색소만은 물보단 더 멀리 갈 자격이 있어, 태양 광선이 닿는 데까지는 물론 갈 수가 있지만, 영원을 갈 수 있는 빗물질의 영혼의 능력에는 따르지 못한다. 피보단 영혼을 믿고 시남 낭상 무엇이 잘 안 되는데 지나치게 흥분하거나 당황하거나 절망하지 말고, 네 능력 살려 가는 데 주력해라. 학교에서 할 수 없어 자퇴 권고했으면 우선 나오지도 말고, 어디 깊은 절간 같은 데나 들어가서 처박혀 글이나 쓰도록 하렴. 뒤에 봐서 선생님들은 어련히 너를 풀어주려고 하겠느냐. 봐라. 지금 우리가 원하는 게 굵게 다 이루어질 길은 없는 것도 알아야 한다.

네가 첫째 네 능력보다 훨씬 더 싼값으로 없어지지 않도록은 어떻게

라도 해야지……. 나는 그에게 이런 뜻의 말들을 퍼붓고 있었다. 그도 '예' 승낙하기에, 어느 절간에 갈 생각이면 내가 소개해줄 테니 언제든지 와서 말하라고 하고, 그 곁을 떴다.

젊은 날의 방황과 월남전 참전으로 8년째 대학에 적을 두고 있는 송기원 선배의 열혈熱血을 다스리기 위해 선생님은 '영혼의 능력'을 믿고 글을 써야 한다고 이처럼 간곡히 충고한 것입니다. 이런 사랑의 메시지를 스승이 제자에게 주는 경우는 흔하지 않을 것입니다. 저 역시 선생님의 사랑과 은혜로 문단에 나왔습니다.

저는 1981년부터 3년 동안 선생님으로부터 시 강의를 들었습니다. 창작실기 과목이었으므로 강의는 아예 없는 셈이었고, 학생 습작품의 판서에 이어 수강생들의 합평이 있은 뒤에 스승이 몇 마디 강평을 해주는 식의 수업 방식이었습니다. 강의실 뒷자리 구석에서 담배를 태우시며 앉아 계시는 동안 스승의 얼굴에는 미소가 가득합니다.
 '저 철없는 녀석, 뭘 모르면서 저렇게 흥분하여 친구의 시를 혹평하고 있군.' '저놈은 시를 쓸 줄도 모르지만 영 남의 시를 볼 줄도 모른단 말야.' 아마 이렇게 생각하시며 미소를 짓고 계셨을 것입니다.
 저는 홍우계 선배의 초기 습작기가 그러했듯 써서 내는 족족 스승과 학우들로부터 끔찍한 평을 들었습니다. 운 좋게 대학 2학년 가을에 『시문학』주최 전국대학생 문예작품 공모에 시를 투고하여 당선됨과 동시에 초회 추천이 되었지만 선생님의 눈에 저는 시종일관 젖비린내 풍기는 문학 견습공에 지나지 않았을 것입니다.

"이런 시는 쓰지 말게", "이것도 시라고 할 수 있는가" 등 가혹한 말씀을 줄기차게 들으면서도 줄기차게 칠판에다 시를 썼습니다. 현실참여 의식이 조금이라도 들어가 있으면 선생님은 가차없이 비판을 하셨고, 저는 광주에서 죽은 동시대의 학우들과, 스승이 극구 칭송한 전두환 장군을 생각하며 스승의 마음에 들지 않을 시를 반항하듯이 판서했습니다. 수업 시간에 칭찬을 들은 기억이 전혀 없고, "이 시는 이 부분을 대폭 손보면 될 듯도 하네"라는 정도의 평만 들어도 감지덕지했습니다.

4학년 2학기도 막 저물고 있을 무렵이었습니다. 복학생 선배들도 다수 듣고 있는 수업 시간이었는데 선생님께서는 저만 지목하여 그간 써온 시를 전부 정리해서 갖고 오라고 말씀하셨습니다. 60편을 정서하여 드렸더니 이 노트 찾으러 댁으로 한 번 찾아오라고 하셨지요. 선생님은 저의 글재주보다는 성실성을 아꼈던 것입니다.

놀라운 일이었습니다. 선생님은 실험적인 시라 마음에 들지 않을 작품이 틀림없다고 생각한 작품에만 A급이라는 ◎표시를 하셔서 나는 돌아오는 버스 속에서 고개를 계속 갸우뚱거렸습니다. ○표는 B급, △표는 C급, 표시가 없는 것은 D급이었습니다. 선생님의 작풍과는 완전히 다른, 수업시간에 보여드리지도 않은 작품을 마음에 들어하신 것에서 나는 스승의 대가적인 풍모를 다시금 확인했습니다.

　A급은 중앙일보에, B급은 한국일보에, C급은 조선일보에 투고했는데, 내심 제일 기대했던 곳이 신춘문예 역대 당선작을 의식하고 쓴 조선일보였다. 결과는 중앙일보 당선, 한국일보 최종심 오름, 조선일보 낙선이었습니다. 선생님의 눈은 귀신같이(?) 정확했습니다. 신춘문예 당선작도 당시로는 파격적이라고 할 만한 말더듬이 어법의 시 〈화가 뭉크와 함께〉여서 선생님의 안목에 저는 거듭 감탄했습니다.

　선생님께서는 일제 강점기 말기에 몇 편의 친일 작품을 써 생애에 큰 오점을 남겼습니다. 저는 1985년 여름호『실천문학』을 통해 선생님의 그 작품들을 보고 실망을 넘어 절망해 버렸습니다. 시대 분위기가 경직되어 있지 않았더라면 선생님의 과오를 크게 문제 삼지 않았을 수도 있겠지만 '광주'에 대한 부채의식에서 80년대 내내 헤어나지 못하고 있던 저로서는 선생님 댁으로 발걸음을 옮길 수가 없었던 것인데, 어찌 보면 비정의 세월이었습니다. 제대 후에 전화며 편지로 안부를 몇 번 여쭙기는 했으니 그것이 연말 연하장으로 대체되었고, 어느 해부터인가 그것마저 중단했습니다.

　선생님의 과오가 어떠했던지 간에 미욱한 제자에게 베푼 그 크신 사랑을 배신할 자격이 제게는 없습니다. 선생님은 좋은 가르침과 크나큰 사랑을 베풀었거늘 저는 심정적으로 늘 스승의 정치적 과오를 단죄하는 사람의 무리에 서 있었습니다. 선생님께서 선배의 시를 끝끝내 '아니다'라고 판정하신 것처럼 저도 아닌 것은 아니라고 생각합니다. 하지만 제가 무어 그리 떳떳한 것이 있단 말입니까. 꾸중을 밥 먹듯이 들으면서도 시를 끈질기게 써내다 스승의 부름을 받자 '미당 수제자'라고 학우들이 질투 어린 별명을 붙여주었는데, 문병 한 번 가지 않고 스승을 보내고 보니 이 별명이 너무나 부끄럽습니다.

수업시간에 줄곧 하신 말씀이 잊히지 않습니다. 고전을 읽게, 성경을 읽게, 불경을 읽게, 삼국유사를 읽게, 당시唐詩를 읽게……. 읽는 동안 길이 열린다고 하셨는데 저는 지금 글품 파는 일에 급급하고 있습니다. 하지만 어느 날 힘주어 하신 말씀을 늘 가슴에 새기고서 시를 쓰고 있음에 명부의 스승이여, 부디 저를 제자로 여겨주시기를.

 시정신이란 건 감성으로건 지성으로건 반드시 가슴의 감동이란 걸 거쳐야만 하네. 가슴앓이 병자가 쇼크를 피하듯이, 시인이라면 마땅히 겪어야 할 가슴의 저 많은 연옥의 문들을 닫아걸고, 사고思考의 간편簡便 속으로 편승하지 말게. 고도한 정서의 형성은 언제나 감정과 욕망에 대한 지성의 좋은 절제를 통해서만 가능한 것일세.

정말 언젠가 선생님의 마음에 쏙 드실 시 한 편 들고 묘소 앞에 가서 큰소리로 읽어드리고 싶습니다. 선생님의 그 독특한 웃음소리와 미소가 떠오릅니다. 읍소하는 마음으로 이 글 쓰고 있는 것 아시는지 모르시는지…….

제 4 부

문학적 스승과 동료, 그리고 독자에게

제 18신

정년퇴임을 앞둔 오세영 선생님께

　선생님을 처음 뵌 것이 어느 해였는지 정확히 기억나지는 않습니다. 고 임영조 시인의 부탁으로 한국시인협회 간사를 하게 되었을 때였다면 1994년이었을 것입니다. 아마도 시협 야유회나 지방 세미나를 가면서 차에서 뵙고 인사를 드렸겠지요. 그 후 역시 임영조 시인의 주선으로 사당동에서 모임을 가지면서 여러 차례 뵙고, 적지 않은 가르침을 받아왔습니다.
　'사당동 모임'이란 사당동을 중간지점으로 하여 사시는 세 분 선생님 오세영·임영조·김명인 시인 외에, 임 시인이 아끼는 충청도 고향 후배인 박주택·이재무 시인, 이분들과 가까운 김강태·이숭원·고형진·허혜정 등의 문인이 서너 달에 한 번씩 모여 밥도 먹고 술도 마시고 한 일종의 친목 모임이었습니다. 이 모임은 임영조 시인이 돌아가신 이후 그만 깨어지고 말았습니다. 그래서 저는 선생님을 예전만큼 자주 뵙지는 못하고 있습니다만 문예지 신인상 심사를 선생님을 모시고 여러 번 하면서 매해 서너 차례는 꼭 선생님을 뵙는 소중한 인연을 지금까지 이어오고 있습니다.

저는 선생님이 저의 등단작인 「화가 뭉크와 함께」를 그해의 신춘문예 당선작을 총평하는 자리에서 좋게 평해주셨기에 등단 직후에 감격해마지 않았습니다. "뭉크의 그림을 통해서 시인이 말하고자 한 것은 남지나 해상에 떠 있는 보트 피플이었고, 메커니즘과 제도에 의해서 압살된 휴머니즘이었고, 인간 회복에 대한 절규였다."는 평은 갓 시단에 나온 저에게 크나큰 용기를 주는 말씀이었습니다.

그 이후 선생님은 월평이나 계간평을 쓰는 자리에서 제 시를 종종 언급해주셨습니다. 선생님의 호평은 제가 시를 쓰는 데 큰 힘이 되었습니다. 게다가 선생님께서는 2001년에 낸 저의 시집 『뼈아픈 별을 찾아서』의 표4 글을 다음과 같이 써주셨습니다.

　　나는 평소에 훌륭한 시는 단지 미학적 차원에서만 머물러서는 안 되고 궁극적으로 철학과 결합될 때 이루어진다는 것을 이야기한 바 있다. 요즘의 우리 젊은 시단에서는 이승하 시인이 이와 같은 노력을 경주하지 않나 생각한다. 이 시집에는 죽음, 영원, 고독과 같은 삶의 근원적인 문제들이 시인의 우수 어린 사색과 체험적 진실을 통해 진지하게 탐구되고 있다. 그러나 그 모든 것의 토대가 되는 것은 휴머니즘이다.

이 시집은 선생님이 심사를 하신 지훈문학상의 수상 시집이 되기도 했으니 제가 입은 은혜는 백골난망입니다.

선생님과의 인연을 너무 길게 쓰고 있습니다. 이제부터는 제가 그간 선생님을 모시고 식사도 하고 술도 마시고 문예지 신인상 심사도 하는 과정에서 선생님으로부터 제가 배운 것 몇 가지를 말씀드려 볼까 합니다.

선생님의 지독한 성실성은 저의 사표가 되고도 남음이 있습니다. 대학교수란 직업은 적당히 놀아가며, 때로는 취미생활을 하면서도 할 수 있는 것입니다. 연구 업적을 학교에서 평가하기 때문에 펜을 완전히 놓고 살 수는 없지만 그렇다고 논문을 한 해에 두어 편 정도 발표하는 것이 그다지 어려운 일이 아니지요. 그런데 선생님은 1980년에 내신 『한국 낭만주의시 연구』로부터 작년에 내신 『우상의 눈물』에 이르기까지 20권에 달하는 학술서적과 문학평론집을 내셨습니다. 시선집을 빼고 시집도 근 15권에 이르는 것으로 압니다. 줄기차게 읽고 써온 저력이 어디서 나오는지 궁금합니다. 아울러 젊은 시, 참신한 시, 생생한 시를 쓰는 비법을 배우고 싶습니다.

선생님의 비평안은 저를 경악케 했습니다. 김춘수와 김수영이 우리 시단에서 어떤 존재입니까. 선생님은「무의미의 정체」에서 김춘수를,「우상의 가면」에서 김수영을 강하게 비판합니다. 그런데 그 비판의 글은 인상비평에 의한 것이 아니라 치밀한 작품 분석을 통한 내재적 비평에 의한 것이었습니다. 그토록 많은 사람들이, 그렇게나 잘못 알고 있던 시와 시인을 선생님은 한 치의 빈틈도 없는 논리로 비판을 했습니다. 아니, 엄정하게 평가를 했습니다. 과거의 부당한 평가를 바로잡는 일이란 사실, 위험을 감수해야만 하는 일입니다. 누구나 좋다고 하는 시인을 홀로 일어나 그렇지 않다고 지적하는 일이란 보통의 용기로는 되지 않는 일이지요. 저는 전율을 느끼며 그 평문을 읽었습니다. 김수영을 60년대 한국시의 한 해프닝이라고 말할 수 있는 용기, 김춘수가 전개한 '무의미 시론'의 대부분이 초현실주의 시론을 다른 용어로 재탕한 것에 지나지 않는다고 말할 수 있는 용기가 저로서는 놀랍기만 했습니다.

선생님은「우상의 가면을 벗겨라」에서 임화의「우리 오빠와 화로」, 김수영의「풀」, 김광섭의「성북동 비둘기」, 윤동주의「서시」가 그간 얼마나 잘못 이해되어 왔는가를 잘 밝혀주었습니다.「한국 현대시사의 오류」나「80년대 한국의 민중시」같은 글도 선생님의 비평가적 양심이 뚜렷하게 드러나 있는 명문이라고 생각합니다. 이 땅에서는 사실 얼마나 많은 문학평론이 '주례사 비평'의 탈을 쓰고 횡행하고 있습니까.

선생님은 자상한 일면을 갖고 계신데, 다른 사람들은 잘 모를 것입니다. 시협 행사가 전주에서 있어 갔다오는 길이었습니다. 몇 시간 버스를 타고 오면서 저는 선생님 옆자리에 앉아서 오게 되었습니다. 선생님은 제게 이런저런 말씀을 하시다가 서구 문예사조의 내용 중 우리가 잘못 이해하고 있던 것들, 그리고 무의미시라는 것이 왜 논리에 맞지 않은 억설이라고 비판하셨습니다. 선생님은 꼬박 2시 반 동안 저 한 사람을 위해 설명을 해주셨습니다. 그 전날 밤늦게까지 약주를 드셨을 텐데 말입니다. 저는 결코 그렇게 할 수 없을 것입니다. 이 일만 봐도 저의 문학에 대한 열정은 선생님에 한참 미치지 못합니다.

선생님께서 연장자로서 권위의식을 내세운 적은, 제 기억이 분명하다면 한 번도 없었습니다. 다시 말씀드려 저는 지금까지, 선생님께서 내가 서울대 교수입네, 유명한 시인입네, 평론가입네 하고 자신을 위로 세우는 말씀을 하시는 것을 들어본 적이 없습니다. 까마득한 후학일지라도 만났을 때는 친절하게 말을 건네고, 그 사람의 긴장을 풀어주려 대화를 몇 마디라도 쑥 나누고, 나중에는 격려의 말씀을 해주시는 것이었습니다. 저녁 식사를 하고 밥값을 다른 누가 내면 선생님은 2차를 가서라도 술값을 내야지 직성이 풀렸습니다. 집 방향이 같아서 선생님과 함께 택시를 타고 귀가한 적이 몇 번 있었는데 선생님이 차비를 내신 경우가 제가 낸 것보다 많았습니다. 선생님이 내시는 저서를 꼬박꼬박 부쳐주시는 것도 제 웃어른 중에는 문학평론가에 한한다면 선생님밖에 없습니다. 이 점 역시 권위의식과는 무관한 선생님의 인품을 알게 하는 좋은 예가 아니겠습니까. 매번 전화로라도 잘 받았다고 인사를 여쭈어야 하는데…….

　선생님의 제자 사랑이 남다름을 저는 알고 있습니다. 취직을 한 누가 참 잘 되었다고 말씀하시는 한편으로 취직을 못 시킨 제자들을 걱정하시는 것을 몇 차례 들은 적이 있습니다. 선생님의 화갑 기념 논문집 증정의 자리에서는 외부에서 온 축하객들 앞에서 제자들을 일일이 앞에 나오게 하여 소개를 시키셨지요. 이 제자들을 잘 좀 도와달라는 애정의 표현임을 저는 알고 있습니다. 선생님의 사랑을 듬뿍 받은 제자들이 부럽습니다.

　오세영 선생님!
　선생님이 정년퇴임을 하게 되셨다니 얼른 믿어지지가 않았습니다. 선생님은 오늘날까지 줄기차게 시를 쓰고 평문을 써온 '현역'이셨습니다. 정년퇴임을 하여 강의 부담이 줄어들어 이 기회에 더 열심히 읽고 쓰시겠다구요? 그렇게 하지 마십시오. 이제는 여행도 많이 다니시고 등산도 매주 하시고 유유자적, 생을 즐기시기를 바랍니다.
　아아, 빙그레 웃고 계시니 저의 말을 들을 의사가 없으신가 봅니다. 아무쪼록 내내 건강하시고, 후학들에게 훌륭한 사표, 아니 멋진 사표의 모습 계속 보여주시기 바랍니다.
　제가 좋아하는 선생님의 시 한 수 필사하며 음미해봅니다.

기우뚱

밀리는 선체船體,

밖은 폭풍이 몰아치는데

희미한 촛불 아래 홀로 앉아

정성들여 먹을 간다.

온 산은 칠흑의 밤바다,

한 차례 강풍이 불면

대숲은 큰 파도로 밀려와 벽을 후리치고

떡갈나무 잔 파도는 흰 이빨을 드러낸 채

으르렁댄다.

이 불안한 초옥草屋은

광란의 바다에 표류하는 일개 돛배이거니

내 손수 해도海圖를 작성해

격랑을 헤쳐가야 한다.

기우뚱,

선체는 흔들리지만

선실의 희미한 촛불 아래서

새하얀 한지에 먹으로 치는

고죽苦竹,

인생은 고래라는데

산이 어찌 항상 산이겠는가,
폭풍이 몰아치는 밤바다의
떠밀리는 외로운 돛배,

흔들리는 붓.

—「고죽도苦竹圖」전문

2006년 9월 20일
이승하 올림.

제 19신

대구의 시조시인 민병도 선생님께

깊디깊은 잠에 빠진 돌들아, 일어나라
소리치며 흘러가는 새벽 강이 길인 줄을
몰랐네, 유실된 삶의 빈 나루에 이를 때까시.

죽어서 눈을 뜨는 쇠북 아직 울기도 전에
어둠으로 어둠을 덮고 울음으로 울음을 묻어
별빛을 건져 올리는 무수한 저 손놀림……

보아라 세상살이란 새벽 강을 건너는 일

절망도 둑이 넘치면 슬픔처럼 다정해지고
가다가 곤두박히면 또 한 생각 철이 들리라.

그 뜨거운 몸부림도 때로는 안개였음을
몰랐네, 고요에 갇힌 갈대의 흐느낌이
문자가 가두지 못한 밀경密經인 줄 미처 몰랐네.

—「새벽 강」전문

안녕하십니까? 문인주소록을 보았더니 선생님의 주소가 대구로 되어 있습니다. 1976년 〈한국일보〉로 등단하신 선생님의 거주지가 어디인지도 몰랐을 만큼 저에게 선생님은 생소한 이름의 시인이었습니다. 아마도 그 이유는 단 하나, 선생님이 '시인'이 아니라 '시조시인'으로 활동해오셨기 때문일 것입니다. 선생님의 시작 메모는 이렇습니다.

현대인의 정서를 담아내기에 시조라는 그릇은 너무 낡았다는 편견에 귀기울이던 때가 있었다. 이제 시조는 그 부끄러운 독단 위에 꽃을 피울 것이다.

시조에 대한 뭇 사람의 험담에 선생님의 마음이 흔들렸던 때도 있었으나 이제는 시조 쓰기에 매진할 것이라는 선생님의 비장한 각오를 피

력한 시작 메모라고 여겨졌습니다.

저는 간간이 월평이며 계간평 같은 것을 청탁에 못 이겨 쓰고 있습니다. 이 편지도 월평 지면에 쓰고 있는 것입니다. 이런 유의 글을 써온 지도 어언 10년이 넘었습니다만 시조를 대상으로 평을 써보는 것은 이번이 처음입니다. 그만큼 저에게 시조라는 것은 관심 밖이었습니다. 국내에 어떤 시조시인이 있는지, 어떤 시조 전문지가 있는지, 시조 인구는 어느 정도인지, 시조에 대해 어떤 논의가 이루어지고 있는지 관심을 가져본 적이 없습니다. 당연히, 문예지에 실리는 시조는 읽지도 않았습니다. 그런데 오늘 아침 신문을 보고 착잡한 마음을 가눌 수 없던 차 선생님의 작품을 보고 몇 마디 올리고 싶어 펜을 들었습니다.

오늘 2002년 9월 7일 토요일 아침에 받아본 〈동아일보〉 C1면에는 '이 주일의 베스트셀러/ 시'가 실려 있는 것이었습니다. 서울시내의 가장 큰 서점 교보문고에서 지난 한 주 동안 가장 많이 팔린 시집 순위가 매겨져 있는데 1, 2, 6위가 류시화의 시집 『지금 알고 있는 걸 그때도 알았더라면』, 『그대가 곁에 있어도 나는 그대가 그립다』, 『외눈박이 물고기의 사랑』입니다. 『지금…』은 창작 시집이 아니라 인도 선사들의 잠언과 인디언의 노래 등을 시의 형태로 옮겨 편집한 것입니다. 그럼에도 불구하고 작년도 전국 종합 베스트셀러 30위 안에 시집으로는 단 한 권 올려져 있더니만 올해도 여전히 잘 나가고 있습니다.

『그대가…』는 1991년에, 『외눈박이 물고기의 사랑』은 1996년에 나온 시집인데 지금도 여전히 베스트셀러라니 경이롭기 짝이 없습니다. 이정하 외 여러 시인이 참가한 『당신이 그리운 건 내게서 조금 떨어져 있기 때문입니다』가 3위, 이정하의 『너는 눈부시지만 나는 눈물겹다』가 7위, 같은 시인의 『한 사람을 사랑했네』가 10위입니다.

김용택의 『연애시집』이 4위, 정지영 엮음 『마음이 예뻐지는 시』가 5위를 마크하고 있습니다. 독자가 즐겨 읽는 시집과 정통문학권에서 인정받는 시집은 왜 이렇게 다릅니까. 문예지마다 시는 왜 싣는 것이며, 저 같은 사람이 평론은 왜 쓰는 것입니까. 독자의 사랑을 받는 시집은 이렇게 따로 있는데 말입니다.

저는 언제부터인가 류시화·이정하 같은 베스트셀러 시집을 내는 시인을 비난하지 않습니다. 질투 섞인 발언 같아서 입을 다무는 대신 이들이 낸 시집의 대중 친화력에 경이의 시선을 보내고 있지요. 10년도 더 전에 나온 류시화의 『그대가…』가 오늘날에도 베스트셀러 2위를 마크하고 있으니 정말 경이로운 일 아닙니까.

저는 류시화론을 『작가세계』에 발표하면서 그의 시집이 베스트셀러가 되는 이유를 몽상적이고 비현실적인 세계관, 자연스런 리듬감 유지, 자연 친화적인 요소, 감성을 자극하는 시어의 동원 등으로 꼽아보았습니다. 물론 그 글은 류시화를 비판하기 위해 썼던 것입니다만 그런 글에 아랑곳하지 않고 그의 시집은 여전히 낙양의 지가를 올리고 있습니다.

저는 류시화를 비롯해 이정하·원태연·용혜원·이해인 등 시집을 냈다 하면 베스트셀러가 되는 시인의 공통점에 주목하고 싶습니다. 이들의 시는 시어가 쉽고, 운율이 살아 있고, 그다지 길지 않습니다. 그래서 독자가 별 부담 없이 읽을 수 있나 봅니다. 저는 이 세 가지 강점장점이 아닙니다 가운데 '운율'에 대해서 말하고 싶습니다.

오늘날 문예지에 발표되는 수많은 시는 운문이 아니라 산문입니다. 자유시여서 사유의 자유는 확실히 보이는데 말의 자유는 없어 보입니다. 말을 너무 많이, 그것도 주절주절 산문으로 하다 보니 읽는 제 가슴이 답답해집니다.

저의 시 역시도 독자들이 얼마나 답답해하며 읽을까요? 제가 1년 동안 계간『시안』지 편집위원을 하면서 '계간 리뷰 좋은 시' 선정에 참가했는데 4명 편집위원이 이구동성으로 문예지에 실린 시 읽기가 피곤하고 짜증스럽다는 것이었습니다. 한꺼번에 수십 권의 문예지에 실린 시를 읽어야 하기 때문만은 아니었습니다. 시인이며 시 평론가들이 이렇게 말하는데 일반독자들이야 오죽하겠습니까. 시가 전혀 시답지 않아서 내용 파악하기가 미로 찾기인 경우가 많습니다.

저는 오랫동안 전위예찬론자였습니다. 그런데 근년의 많은 시는 전위도 아니고 전통도 아닙니다. 빼어난 실험성도 없고 유장한 전통도 무시하고 그저 내면세계에 천착하여 미로를 헤매고 있는 것입니다. 시상, 상상력, 표현 가운데 무엇 하나라도 참신한 시를 읽기를 저는 기대합니다. 부끄럽게도 제가 그런 시를 못 쓰고 있으므로 이렇게 갈망하고 있는 것인지 모르겠습니다. 운문성을 상실해버린 정통문학권의 많은 시 대신 일반독자는 쉽게 와 닿는 내용과 형식, 소재와 주제, 운율과 시어의 시집을 찾아 읽고 있는 것이 아니겠습니까.

선생님의 시조 2편을 읽었습니다. 시조는 정형의 틀을 벗어나면 자유시가 되고 맙니다. 틀을 고수하면 '전근대'라는 낡은 울타리 속에 갇히고 말지요. 그래서 시조 쓰기는 시 쓰기보다 더 어려운 일이라고 생각합니다. 선생님의 2편 시조는 자수율을 지키며 쓴 작품인데 참 묘하게도 '시조'라는 느낌보다는 운율을 잘 타고 흐르는 자유시 같다는 인상을 받았습니다. 3 4 4 4 / 3 4 4 4 / 3 5 4 3 하는 식의 자수율을 따지기 이전에 「새벽 강」의 운율은 우리네 영혼 속에, 어린아이 엉덩이에 찍혀 있는 몽고반점과도 같은 바로 그 전통적인 가락과 장단을 따르고 있다는 생각이 들었습니다.

민병도 선생님이 바라본 새벽 강은 조용히 흘러가는 강이 아닙니다. 비가 억수로 쏟아진 탓에 강물이 불어 소리치며 흘러가고 있습니다. 그래서 깊디깊은 잠에 빠진 계곡과 강언덕, 강바닥의 돌들에게 외칩니다. 정신을 차리라고. 비가 몇 날 며칠 계속 퍼붓자 고요히 흐름을 유지하던 강은 돌변하여 새로운 길을 내고, "유실된 삶의 빈 나루"에까지 이릅니다. 우리네 삶의 터전이 강이 범람하여 죄 유실되면 나루를 울면서 지켜보게 되겠지요.

제방을 넘쳐흐를 듯 무시무시하게 흘러가는 새벽 강을 지켜보는 사람들이 있습니다. 소가죽으로 만든 먼 사찰의 북은 당연히 "죽어서 눈을 뜨는" 존재입니다. 그 쇠북이 울기도 전에 둑이 넘쳐버립니다. "어둠으로 어둠을 덮고 울음으로 울음을 묻어/ 별빛을 건져 올리는 무수한 저 손놀림"의 이웃들. 그 이웃의 사랑하는 가족과 집과 가금이 흘러가 버린 절망에 아랑곳하지 않고 새벽 강은 서서히 제 모습을 찾아갈 것입니다. 제3연을 다시 한번 음미합니다.

> 보아라 세상살이란 새벽 강을 건너는 일
> 절망도 둑이 넘치면 슬픔처럼 다정해지고
> 가다가 곤두박히면 또 한 생각 철이 들리라.

  세상살이란 저 넘실대는 새벽 강을 건너는 일입니다. 절망도 저 둑처럼 넘쳐버리면 슬픔(이별의 슬픔, 사별의 슬픔)이 그러하듯 다정해진다고 하셨습니다. 새벽 강을 건너다 배가 곤두박질치고, 그래도 살아난다면 "또 한 생각 철이 들" 따름입니다. 새벽 강은 그 뜨거운 몸부림을 통해 내게 가르침을 주었는데 가르침의 내용이 무엇인지 몰라 '안개'였다고 한 것은 아닙니까.
  모호한 것이 또 있습니다. 갈대입니다. "고요에 갇힌 갈대의 흐느낌"은 강언덕에 피어 있다가 물에 잠긴 갈대를 가리키는 은유적인 표현이겠지요. 바람에 나부끼지 않고 물에 잠긴 갈대는 속으로 울고 있습니다. 강의 범람으로 제대로 울지 못하는 갈대의 의미는 "문자가 가두지 못한 밀경"으로 귀결이 되는군요. 자연이란 것이 실로 불가사의하여 우리네 조상은 자연신을 믿었던 것이 아니겠습니까. 자연의 힘은 불립문자와 언어도단의 경지 저쪽에 있습니다. 새벽 강이 범람하는 것을 보고 무엇을 깨달았다고 하기 어려운 것은 내가 인간임을 더욱 뼈저리게 자각했기 때문일 것입니다. 인간은 끊임없이 자연을 길들이려 하지만 자연은 제 나름의 질서를 지키며 살아가지 인간세상의 질서를 따르지는 않습니다.

이번 여름의 태풍과 홍수로 국내에서 200명이 넘는 사람이 죽었습니다. 자연재해이기도 했지만 난개발과 재난대책 미흡이 피해를 늘였다고 합니다. 그린벨트가 엄청나게 풀렸으니 산을 깎는 공사는 앞으로 더욱 많이 행해지겠지요. 우리 모두 민병도 선생님과 더불어 폭우가 퍼붓는 날 새벽 강에 나가 둑이 넘치는지 안 넘치는지 지켜보아야 하겠습니다. 자연은 고요에 갇힌 갈대의 흐느낌을 통해서 밀교의 경전이라는 미지의 세계를 암시하고 있습니다. 같은 지면에 발표하신 또 한 편의 작품을 읽어봅니다.

> 울 오매 뼈가 다 녹은 청도 장날 난전에서
> 목이 타는 나무처럼 흙비 흠뻑 맞다가
> 설움을 붉게 우려낸 장국밥을 먹는다.

5원짜리 부추 몇 단 3원에도 팔지 못하고
　　윤사월 뙤약볕에 부추보다 늘처져도
　　하교 길 기다렸다가 둘이서 함께 먹던……

　　내 미처 그때는 셈하지 못하였지만
　　한 그릇에 부추가 열 단 당신은 차마 못 먹고
　　때늦은 점심을 핑계로 울며 먹던 그 장국밥.

　　　　　　　　　　　　　　　―「장국밥」전문

　진부한 소재, 낯익은 표현, 회고적인 정서, 게다가 시조…… 혹자는 너무나 뻔한 이야기라고 비난할지도 모르겠습니다. 그러나 이 시에는 오늘날 문예지에 넘쳐나는 시편에서 좀처럼 맛보기 어려운 '감동'이 있습니다. 서정주, 백석, 박용래, 박재삼, 김종삼…… 그들의 시에서 그렇게 자주 맛보던 그 감동이란 것에 제가 얼마나 굶주려 있는지 아십니까. 가슴에 찌르르 파동이 오는 시, 그런 시를 참 오랜만에 보여주신 선생님께 감사드립니다.

　청도 장날 난전에서 하루종일 부추를 내다놓아도 어머니는 그것을 다 팔지 못합니다. 어머니는 흙비를 맞기도 하며 윤사월 뙤약볕을 쪼이다가 결국 후줄근해진 부추를 챙깁니다. 아들이 나타났기 때문입니다. 어머니는 하교 길의 아들을 데리고 장터 장국밥 집에 가 두 그릇을 시킵니다. 아들로서도 그것은 늦은 점심이었습니다. 장국밥 한 그릇에 부추가 열 단인 것을 생각해내고 어머니는 먹지를 못합니다. 철없는 아들은 점심을 이렇게 늦게 먹게 해준다고 징징 울면서 숟갈질을 합니다. 어머니가 드실 것까지 마파람에 게눈 감추듯 먹던 어린 시절을 회상해보며 화자는 회한에 젖어듭니다. '울 오매'의 고생과 자식 사랑하는 마음이 이 작품에 잘 담겨 있어 눈시울이 뜨거워집니다. 제 어머니는 30년 동안 시골 초등학교 앞에서 문방구점을 하셨지요. 겨울 내내 동상으로 고생하시면서.

내용도 좋지만 시의 흐름이 참 자연스럽습니다. 그리고 언어의 집으로서 서까래초장와 기둥중장과 지붕종장의 구도가 안정되어 있습니다. 앞의 시조가 기승전결의 구성을 갖추고 있다면 이 시조는 서·본·결의 구성을 갖추고 있다고 할까요, 꽉 짜인 구성미가 돋보입니다. 앞으로 저는 시조니까 내용과 형식 모두 구닥다리일 것이라는 선입견을 버리도록 하겠습니다.

현대시조이니 조금은 파격이 있어도 좋겠습니다. 그리고 시조를 쓰겠다는 강박관념에 사로잡힐 필요는 없다고 생각합니다. 선생님의 시조는 조선조 양반계층의 음풍농월조의 시조와는 차원이 다르니까요. 운율이 살아 있는 시여서 제 마음에 이렇게 잔물결을 이루며 다가오는군요. 「새벽 강」처럼 파고가 좀 높은들 어떻겠습니까. 앞으로 선생님의 시 세계가 넘실넘실 흘러가는 장강이 되길 바랍니다. 다른 자리에서 더 좋은 시를 읽게 되기를 소망합니다. 안녕히 계십시오.

2002년 9월 7일
이승하 올림.

제 20신

울주군 웅촌면 은현리에 살고 계시는 정일근 형께

안녕하십니까? 시집 서평을 비롯해 형에 대한 글을 그 동안 너덧 번은 썼지만 이제껏 뵌 것은 딱 두 번이었고, 그것도 스쳐 지나가듯이 만났을 따름입니다. 처음 뵌 것은 작년 '문학의 집 서울'에서 있은 시와시학상 시상식에서였습니다. 형은 개량한복을 멋지게 차려입고 젊은시인상을 타러 오셨습니다. 저는 다른 데 약속이 있어 형의 수상소감을 들어보지도 못한 채 장대비 내리는 거리로 우산도 안 받고 달려갔습니다.

두 번째는 올해 10월 12일이었습니다.

안동 지례예술촌에서 있은 『시안』문학기행 때였지요. 세미나가 끝난 늦은 시각에 뒷마당에서 숯불 바비큐 파티가 벌어졌는데 형은 그 자리에서 술을 한 잔도 마시지 않았을 뿐 아니라 자리가 파하기도 전에 일어나 사시는 곳으로 돌아가셨습니다. 술을 권하는 제게 하신 형의 말이 잊혀지지 않습니다. "젊었을 때 워낙 많이 마셔서……. 수술 이후에는 술을 마시지 못하고 있습니다." 아, 형은 몇 해 전에 전신마취를 하고 뇌수술을 받으셨지요? 징후도 없이 느닷없이 육체에 가해진 아픔이 보통이 아니었을 텐데 현대의학의 힘과 강인한 정신력으로 이겨내신 형은 요즈음 들어 더욱 치열하게 시작에 몰두하고 계시더군요.

저는 『시안』 여름호 '집중조명' 난에 발표하신 5편 가운데 「다시, 학동」을 그중 감명 깊게 읽었습니다.

> 이 바다에서 처음 시를 썼다, 푸른 스무 살
> 나는 조국으로 가는 전사戰士가 되고 싶었지만
> 길은 끊어지고, 꺾어져 피 흘리는 상처를 감추며
> 세상의 끝을 찾아 숨어 들어간 학동
> 학동 바다는 사람 사는 마당이었다
> 부르지 않아도 먼저 달려와 안기던 바다
> 사람과 한 몸이 되어 살아가는 바다였으니
> 새벽이면 만선의 깃발로 돌아오던 갈치배들
> 갈매기 떼도 환호하며 날아들어
> 내게 학동은 바다에 피어난 꽃밭이었다

햇살은 바다 위에도 땅 위에도
동백나뭇잎 하나 하나에도 평등하게 빛나고
바다가 수평이듯 함께 어깨를 대고 누운 집들은
모두 가난하기에 모두 행복했다
나는 쉽게 잠들지 못했으니, 돌아가지 않으려고
해안선을 잡고 있는 자갈밭이 파도에 쓸리는 소리에
내 열 손톱 밑으로 피멍이 들어
나는 작별의 편지 대신 길고 긴 서정시를 썼다
새로 난 아스팔트 포장길을 따라
다시 찾은 학동, 옛길은 지도에서 사라지고 없다
옛집들도, 그 안에 살던 사람들도 떠나고 없다
사라지고 떠나버린 자리에 마당 없는 민박촌이 들어서고
어업한계선 밖에까지 달아나 버린 학동바다는
이제는 내가 먼저 불러도, 무슨 상처가 깊은지
돌아보지도 않고 웅크리고 있다

―「다시, 학동」 전문

형은 "푸른 스무 살", 20여 년 전 이야기를 하고 있습니다. 운동권 대학생으로서 쫓기는 몸이 되어 은신처로 찾아간 '학동'이라는 데가 있었던가 봅니다. 바닷가 마을인가요? 학동바다는 "사람 사는 마당"이었고,

"부르지 않아도 먼저 달려와 안기던 바다"였습니다. 그 바닷가 마을 학동은 "바다에 피어난 꽃밭"이었습니다. 학동바다는 그 시절 어부들의 생활 근거지이기도 했지만 한껏 위축된 나를 반겨주는 애인 같은 존재였습니다. 그 신뢰감 충만한 바다는 지금까지도 형 영혼의 기슭에 파도를 철썩이며 다가오는 낙원이었을 것이고요. 형은 학동바다를 다음과 같이 눈부시게 묘사하고 있습니다.

    햇살은 바다 위에도 땅 위에도
    동백나뭇잎 하나 하나에도 평등하게 빛나고
    바다가 수평이듯 함께 어깨를 대고 누운 집들은
    모두 가난하기에 모두 행복했다

가난한 어촌 사람들을 비춰주었던 그날의 햇살을 형은 찬양하고 있습니다. 어느 누구 할 것 없이 가난했던 그 마을 사람들과 더불어 지내며 형은 "해안선을 잡고 있는 자갈밭이 파도에 쓸리는 소리에/ 내 열 손톱 밑으로 피멍이 들어/ 나는 작별의 편지 대신 길고 긴 서정시를 썼다"고 했습니다. 갈매기 떼도 환호하며 날아드는 학동바다와 수평으로 어깨를 대고 누운 가난한 어촌의 집들을 보며 형은 시를 썼고, 시인이 되었습니다. 그 시절 형의 꾀죄죄한 모습과 불안정한 심리상태가 짐작이 갑니다. 학동바다가 아니었다면 형은 그 시절을 견뎌내기 힘들었을 것입니다. 그 청정 무구한 바다와 인심 후한 그곳 사람들한테서 위안을 받으며 형은 조금씩 자신감을 회복해갔을 것입니다. 시 쓰기도 마음을 다스리기 위한 한 방편이었겠지요.

　세월이 흘러갔습니다. 학동바다와 그 어촌의 풍경을 다시 보고 싶은 생각이 나지 않았을 리 없지요. 형은 다시 학동에 가보기로 했습니다. 큰 수술을 받고서 삶과 죽음의 문제에 대해 숙고하게 되었을 테고, 영혼을 다시금 정화시키고도 싶었을 것입니다. 그런데 다시 가본 학동바다의 모습은 어떠했습니까. 옛길은 지도에서 사라지고 없고 옛집들도, 그 안에 살던 사람들도 떠나고 없었습니다. 사라지고 떠나버린 자리에 마당 없는 민박촌이 들어서 있는 것이었습니다. 나로 하여금 시심을 불러일으켰던 학동바다의 지금의 모습에 대한 묘사가 이 시의 제일 끝 3행입니다.

　　　어업한계선 밖에까지 달아나 버린 학동바다는
　　　이제는 내가 먼저 불러도, 무슨 상처가 깊은지
　　　돌아보지도 않고 웅크리고 있다

　처참하다고 해야 할까요 참혹하다고 해야 할까요. '관광'과 '개발'이라는 이름의 괴물은 조금이라도 경치가 좋은 곳이 있으면 그냥 두지를 않습니다. 있는 그대로 두고서 보려 하지 않고 꼭 문명의 메스를 들이

대 상처를 냅니다. 그 상처에서 흐르는 피고름을 우리는 보고 있는 것이지요. 전국 유명 사찰에 가봐도 마찬가지입니다. 무슨 불사를 줄기차게 그리도 많이 해야 하는지, 절 마당마다 쌓여 있는 기와에는 부처님께 복을 비는 이 땅의 뭇 선남선녀의 이름이 적혀 있습니다. 글쎄요, 자연은 자연 그대로 두는 것이 제일 자연스러운 것이 아닙니까. 인공시工은 결국 인간을 공격하게 마련이지요.

각설하고, 형의 시는 학동바다에 대한 사무치는 그리움을 노래하고 있습니다. 내가 먼저 불러도 돌아보지 않고 웅크리고 있는 학동바다가 다시 청정해역이 될 리는 없겠지요. 전근대는 비극이었고 근대는 희극이었고 현대는 다시 비극입니다. 형이 까마득히 먼 시원의 공간으로 돌아가『처용의 도시』와『경주 남산』을 쓰신 이유가 이해가 됩니다. 제가 특히 좋아하는「흑백사진」연작시도 회복될 수 없는, 복원할 수 없는 시절에 대한 향수를 그린 시이지요.

한자 성어 중에 상전벽해니 금석지감이니 하는 것이 있습니다. 우리는 살아가면서 세월의 흐름을 문득 실감케 되는 경우가 있는데 '세월 참 빠르네' 하면서 혀를 찰 따름입니다. 형은 그러나 비애에 사로잡혀 시를 씁니다. 내 젊은 날의 안식처였던 그 좋았던 바닷가 마을에 아스팔트 포장길을 따라 다시 가보니 옛집들도, 그 집에 살던 사람들도 없습니다. 형이 학동에 다시 가서 느꼈을 쓸쓸함이 가슴에 사무칩니다.

언젠가 형이 사시는 마을에 가 많은 이야기를 나누고 싶습니다. 술

대신에 따뜻한 차라도 마시며 20년 전, 아니 아주 오랜 옛날, 웅촌면 은현리 땅에 성읍 국가가 있었고 적석총이 있었던 그 시절까지 거슬러 오르면서.

형의 시를 1984년부터 열심히 읽어온

독자 이승하 올림.

제 21신

하늘나라에 계신 윤사섭 선생님께

선생님!

선생님의 부음을 들은 것은 9월 28일이었습니다. 그날 밤차로 대구로 내려갔더라면 29일 발인에는 참석할 수 있었을 것입니다. 때마침 29일 금요일은 강의가 없는 날이었지만 저는 선생님의 장례식장에 가서 조문을 하지 못했습니다. 제가 어떤 모임을 주재하는 입장이었고, 회원들과 간신히 날짜를 맞춰두었던 터라 또다시 날짜를 뒤로 늦출 수가 없었답니다. 부득이한 일이긴 했지만 선생님께 큰 죄를 졌기에 이렇게 하늘나라로 한 통의 편지를 띄웁니다.

어찌 보면 저는 선생님의 제자이고 어찌 보면 제자가 아닙니다. 선생님은 1968년부터 김천고등학교에 사서司書 교사로 재직하셨는데 저는 그 고등학교를 딱 두 달만 다녔으니까요. 선생님은 3월 초의 어느 날 저희 반에 오셔서 도서관에서 사서로 일하고 싶은 학생이 있으면 손을 들어보라고 하셨는데 저는 손을 번쩍 들었습니다. 선생님 곁에서 책 정리 등 잔심부름을 한 것은 1975년 3월과 4월, 두 달밖에 되지 않았습니다. 그해 4월 말에 서울로 가출을 하여 저의 고등학교 시절은 그것으로 끝나버렸으니까요.

선생님은 1930년 김천시 남산동에서 출생하여 1997년에 대구로 이사할 때까지 김천을 지킨 김천 토박이였습니다. 1961년에 첫 동화집 『전봇대가 본 별들』을 발간한 이래 내신 동화집이 총 14권, 김천의 아동문학에 씨를 뿌리고 꽃을 피우는 동안 세종아동문학상1969, 제1회 경북 문학상1988, 대한민국문학상 본상1989 등을 수상하기도 했습니다.

1976년의 어느 봄날을 생생하게 기억하고 있습니다. 저는 고등학교를 그만둔 자퇴생의 신분이었지만 선생님께 인사를 드리려고 김천고등학교로 찾아갔습니다. 벚꽃이 봄바람에 분분히 떨어지는 아름다운 날이었습니다. 도서관으로 찾아가 뵈었는데 마침 선생님은 도서관 건물 앞에 서 계셨지요. "선생님!" 하고 외쳐 부르자 "아이구, 승하야, 이놈아!" 하고 저를 와락 포옹하시어 저는 한참 동안이나 숨이 막혀 죽는 줄 알았습니다.

선생님은 저의 학업 포기가 못내 안타까우셨는지 걱정스런 얼굴로 이것저것 물어보셨습니다. 제가 작년에 2개월 동안 바짝 공부하여 대구 지구와 대전 지구에서 행한 대입자격검정고시에 전과목 합격했다고 말씀드리자 깜짝 놀라시며 축하를 해주셨지요.

"그래, 오히려 잘 됐다. 글을 쓰는 것이 네 운명인가 보다. 남들 영어 단어 외우고 수학 문제 풀 때 너는 책 읽고 글을 쓰도록 해라."

저는 검정고시에는 일찍 합격했지만 가출벽을 못 버려 부산으로 달아나기도 했고 대구와 춘천의 친척 댁에서 기거하기도 했고 서울대학에 다니는 형 하숙집에 더부살이를 하기도 했습니다. 고향 김천에는 있기가 싫어 이 도시 저 도시 떠돈 셈이었는데 학원에도 다니지를 않았으니 대학 입학이 자연히 늦어졌지요. 1979년 중앙대 문예창작학과에 입학은 했지만 다닐 자신이 없어 입학 후 1년을 휴학하기도 했습니다. 만성불면증에 신경성 위궤양, 대인공포증에 관절염까지 와 심신이 엉망이 되어 있었습니다. 4년여 동안 불규칙적인 생활을 한 데다 진로 문제를 놓고 고민하면서 자학의 나날을 보냈기 때문에 그 지경이 되었던 것입니다.

선생님 댁으로 선물종합세트를 사 들고 찾아갔던 1979년의 어느 가을날이었지요. 네 인생의 아주 큰 시련기이지만 네가 글쟁이로 거듭나기 위한 진통의 세월이니까 제발 용기만 잃지 말아 달라고 하신 선생님의 말씀이 잊히지 않습니다.

저는 휴학 1년을 포함하여 5년의 낭인 생활을 마치고 1980년에 비로소 대학 1학년이 되었습니다. 대학 4년 내내 불면증이 낫지를 않아 고생을 했지만 선생님의 격려에 힘입어 저는 제 나름대로 열심히 습작을 했고, 대학을 졸업하는 시점에 신춘문예에 시가 당선되어 등단이란 것을 했습니다.

지난 세월 선생님은 언제나 저의 훌륭한 사표였습니다. 해마다 연하장으로 안부를 여쭈면 선생님은 꼭 엽서에 달과 새를 그려 답장을 보내주셨지요.

1997년이었습니다. 선생님은 폐암 진단을 받고 수술을 받기 위해 서울의 강남성모병원에 입원하셨습니다. 저는 헐레벌떡 병원으로 달려갔었지요. 수술 직전, 선생님은 아주 밝은 모습으로 저를 맞아주셨습니다. 선생님은 오른쪽 폐를 절단하는 큰 수술을 받고 그래도 회복이 되어 9년을 더 사셨습니다. 병원에서 하신 선생님의 말씀을 생생하게 기억합니다.

"담배 때문일세. 내 평생 나쁜 친구인 담배를 너무 깊이 사귀어 이런 병에 걸린 걸세. 그 동안 담배 덕분에 즐거움을 누렸기 때문에 그에 상응하는 괴로움을 겪는 거지."

이 말씀 후에는 고등학생의 흡연에 대해 견해를 말씀하셨습니다. 선생님들은 지난 세월 내내 담배 피우는 학생들을 무조건 처벌해야 한다고 주장했지만 당신이 나서서 줄곧 반대했었노라고. 어른들이 담배를 안 피우거나 끊고서 피우지 말라고 해야 논리적으로 맞으며, 입시에 대한 스트레스가 어마어마하므로 학생들을 이해해주어야 한다고.

선생님 생의 이력을 훑어보면 담배를 친구 삼아 살아오신 것이 이해가 되고도 남습니다. 선생님은 생후 1년째 되었을 때 악성 질환으로 대수술을 받으셨지요. 전신 4개소에 절개 수술이 가해지고 좌우 안구를 시술했는데 끝내 우안은 실명이 되었습니다. 초등학교조차도 제대로 다닐 수 없었던 지독한 가난은 선생님께 변변한 졸업장 한 장도 주지 못했습니다. 선생님이 열다섯 살 때인 1945년에 아버지가 만주에서 지병인 위염으로 서른여섯의 나이로 돌아가시자 선생님은 소년가장이 되어 일곱 식구를 먹여살려야 했습니다. 선생님만 바라보는 일곱 식구를 두고 어떻게 군대를 갑니까. 병역기피자의 낙인이 찍혀 5·16이 일어났을 때는 철도국에서 쫓겨나야만 했었지요. 김천고등학교 사서 교사가 된 1968년부터 겨우 생활이 좀 안정되어 선생님은 동화작가로서 활발한 활동을 전개하게 됩니다.

선생님의 동화에는 인정 미담이 많습니다. 이 세상에는 슬픈 일이 많지만 기쁜 일도 있다는 것을 들려주려 선생님은 동화를 써오신 것이 아닙니까? 휴머니즘에 대한 옹호, 동심에 대한 신뢰, 사람됨의 뜻에 대한 탐구, 올바른 삶에 대한 동경, 불행이 닥쳤을 때에도 꺾이지 않는 용기, 세파에 시달려도 잃지 않는 가족에 대한 사랑⋯⋯. 뭐 이런 것들이 선생님 동화의 주제인 듯합니다. 북랜드에서 펴낸 동화선집 『감나무집 사람들과 골짝 아이들』에는 읽으면 콧잔등이 시큰해지는 동화들이 소복

하게 모여 있습니다. 선생님의 인격과 인품이 담겨 있는 좋은 동화들이지요. 선생님의 성함이 '사섭'인데, 그래서 호를 '사슴'으로 지었습니다. 노천명의 시「사슴」이 주는 인상과 선생님은 한치도 다르지 않았습니다.

   모가지가 길어서 슬픈 짐승이여,
   언제나 점잖은 편 말이 없구나.
   관이 향기로운 너는
   무척 높은 족속이었나 보다.

   물 속의 제 그림자를 들여다보고
   잃었던 전설을 생각해내고는,
   어찌할 수 없는 향수에
   슬픈 모가지를 하고
   먼 데 산을 쳐다본다.

                 ―「사슴」전문

 선생님은 아닌게아니라 평생을 사슴의 마음으로 살아오셨습니다. 선생님은 술에 취하면 아이가 되곤 하셨지요. 김천시민체육대회 때 만취하여 공설운동장에서 덩실덩실 춤을 추신 선생님, 사복을 잊고 온 제자가 안타까워 눈물을 글썽이며 껴안아주신 분, 동화의 세계에서 동심으로 살아오신 분……. 바로 윤사섭 선생님의 초상입니다.

저는 선생님의 크신 사랑과 보살핌으로 시인이 되었습니다. 학교에서는 학생들에게 문학을 가르치고 있습니다. 하지만 사람됨의 뜻과 올바른 삶, 자신을 바로 세우는 용기와 타인에 대한 헌신적인 사랑, 인간성에 대한 옹호 등은 가르칠 엄두도 내지 못하고 있습니다. 그저 몇 편의 시와 글로 이런 것들을 들려주려 애는 쓰고 있습니다.

선생님!

선생님은 지금 하늘나라에서도 펜을 들어 원고지에 또박또박 동화를 쓰고 계시겠지요. 선생님이 못 견디게 보고 싶은 밤입니다. 고개 숙여 명복을 빌며 이만 줄이겠습니다. 먼 그곳에서 내내 평안하소서.

2006년 10월 14일 새벽 4시에
제자 승하 삼가 올림.

제 22신

하늘나라에 계신 김강태 형께

　세월이 정말 빠릅니다. 형이 세상을 뜬 지도 어언 2년 반이라는 짧지 않은 세월이 흘렀습니다. 2003년 5월 28일에 저는 두 군데 병원의 영안실에 가야만 했습니다. 임영조 시인은 막 예순이 된 해의 5월 28일에, 형은 막 쉰이 된 해의 5월 28일 같은 날 숨을 거뒀습니다. 형은 직장암으로 임영조 시인은 췌장암으로 돌아가신 것인데, 두 분은 열 살이라는 나이 차에도 불구하고 퍽 친한 사이였습니다.

　월간 『현대시』의 임영조 시인 커버스토리를 형이 쓴 것에서도 알 수 있지만 사당동에서 오세영 선생님을 좌장으로 모시고 모임을 가질 때 두 분은 빠지지 않는 멤버였지요. 제가 문단에서 제일 가깝게 뵙던 두 분이 고통 속에 돌아가신 날은 화창한 초여름이었습니다.

강태 형!

형은 병중에 저한테 전화를 주셨습니다. 마지막이 될 시집의 출간을 저한테 부탁하신 것이지요. 출판사 섭외를 간곡한 어조로 제게 부탁하셨는데 저는 형의 소원을 들어드리지 못했습니다. 그것이 제게는 작은 한으로 남아 있습니다.

형의 투병은 실로 눈물겨웠습니다. 뜸 치료 중에 장이 파열되었고, 부종浮腫이 발생하면서 세 차례나 봉합 부위를 꿰매야 했습니다. 그 수술 후에 형은 이승에 조금 더 머물게 되어 저한테 전화를 했습니다.

수화기를 통해 들려오는 형의 목소리는 잘 알아들을 수 없을 정도로 작았습니다. 저는 몇 번이나 "뭐라구요? 조금만 더 큰소리로 말씀해주세요!" 하고 외쳤습니다. 형은 저한테 모 출판사에서 시집을 내는 것이 평생의 소원이었다고, 이형이 내 소원을 좀 들어주면 고맙겠다고 부탁하셨습니다. 제가 그 출판사에서 시집을 낸 적이 있어 형은 저한테 부탁을 했던 것인데, 말 한마디 한마디를 아주 힘들게, 간신히 들릴 정도로 했습니다. 눈물이 핑 돌았지요. 그 말은 진정, 죽어가는 사람의 마지막 소원이었습니다.

형은 몇 마디 덧붙였습니다. 내가 알고 있던 모든 사람에게 시집을 한 권씩 사인해서 드리고 가고 싶다고. 출판사에 누를 끼치지 않을 정도로 구입하겠으니 이 이야기도 꼭 해달라고. 이 세상에서 인연을 맺었던 모든 사람에게 시집으로 작별인사를 하고 가려는 형의 마음을 접하고 저는 내심 통곡했습니다.

저는 그 출판사의 주간에게 당장 전화를 했지요. 그분은 제 얘기를 듣더니 자기네 출판사에서는 내줄 생각이 전혀 없다고 잘라 말했습니다. 죽음을 목전에 두고 있는 시인의 마지막 소원이라는 저의 간곡한 청에도 그분은 말도 안 되는 소리 하지 말라고, 절대로 내줄 수 없다고 냉정하게 말했습니다. 아무나 부탁한다고 시집을 내주는 출판사가 아니라고 하더군요. 제가 섭섭했던 것은 거절의 말이 아니라, 한 시인의 병세를 전했음에도 불구하고 '그분 처지는 안타깝지만 저희 출판사 사정상……' 하는 위로의 말 한마디가 없었다는 것입니다.

아아, 저는 형에게 전화를 걸어 이 사실을 알려드려야 했습니다. 아니, 거짓말을 해야만 했습니다. 이미 1년 이상 출판 계획이 잡혀 있어 당분간은 내줄 수 없다고 하더라고. 저는 그때 그 출판사로 찾아가 읍소를 해서라도 형의 소원을 들어드렸어야 했는데……. 죄책감 때문에 형이 돌아가신 이후 제가 얼마나 괴로워했는지 모릅니다.

연극배우가 무대에서 숨지기를 소망하듯이 형은 생의 종착역에서 쓴 시편을 모은 시집을 누군가에게 사인하면서 숨지기를 소망하셨지만 그 소망은 이뤄지지 못했습니다. 저는 결국 다른 출판사에서 보낸 김강태 시인 유고시집을 받아보았지요.

강태 형!

저도 언젠가는 임종을 맞이할 것입니다. 하지만 죽는 그날까지 시를 생각할 자신은 없습니다. 제 마지막 소원이 형처럼 시집을 내어 지인들에게 선물하는 것도 아닙니다.

오늘따라 늘 인자하고 자상했던 형이 많이 보고 싶습니다. 덕원여고 학생들이 형을 많이 따랐는데 이 편지를 읽을 제자가 있을까요? 유고시집에 실려 있는 시 한 편 적으면서 삼가 형의 명복을 빕니다.

무엇이든 재로 남는다 무엇이든 따스함으로 남는다 오늘 태운 생각의 나머지가 다시 잘디잔 분말로 뒤엉켜 비인 들을 허허로이 날고 있다 자신을 갈기갈기 분해시키는 당신, 마지막엔 노동의 푸른 근육만이 불끈 남는다

그대에겐 '불끈'이란 소리가 보이고 들린다

―「무엇으로 남는다―촛불생각 17」 전문

제 23신

하늘나라로 가신 임영조 선배님께

　선배님이 세상을 버리신 지도 10개월이 다 되어갑니다.
　저승세계에서는 몸과 마음이 다 평안하십니까? 얼굴이 반쪽이 되어버린 말년의 모습이 떠오르고, 뒤이어 선배님과 함께 했던 적지 않은 시간이 떠올라 희비가 교차합니다. 선배님은 육신의 고통이 없는 세상으로 가셨지만 넋은 여전히 시를 짓기 위해 고뇌하고 계시겠지요.
　음주를 곁들인 사당동에서의 나날은 참으로 즐거웠습니다. 오세영 선생님을 좌장으로 모시고 일당이 모이면 임 선배님은 늘 분위기 메이커로 나섰습니다. 세상 돌아가는 이야기와 문단 이야기, 시와 시인 이야기에 밤이 깊어가는 줄도 몰랐습니다. 선배님은 참 구수한 말솜씨로 우리 모두를 즐겁게 했습니다.

선배님은 귀가 좀 어두워서 자기주장에 치우친 말씀도 했었고 간혹 좌충우돌하는 말씀을 하시기도 했었지만 제게는 늘 신선하기만 했습니다. 미당 선생님에 얽힌 일화는 들어도 들어도 재미있기만 했었지요. 아니, 선배님의 말씀은 재미만 있었던 것이 아닙니다. 시인을 푸대접하는 이 땅에서 자존심을 지키며 살아가기가 얼마나 어려운가를 역설하였고, 그 말씀은 지금 생각해도 제 마음을 반듯하게 펴줍니다. 꼬장꼬장한 선비기질을 선배님처럼 완벽하게 지니고 계신 분을 저는 앞으로 다시는 만날 수 없을 것입니다.

일당은 사당동에서 출판기념회 등을 빙자하여 두세 달에 한 번씩 모였습니다. 남원추어탕이나 향원복집에서 소주를 곁들여 저녁을 먹고 피카소나 에뚜아르에서 맥주를 마셨지요. 간혹 노래방에 들를 때면 문단 최고의 음치라는 선배님의 노래를 듣는 것이 고역이었는데 이제는 그 노래가 그립기만 합니다. 일당은 주로 김명인 · 이숭원 · 박주택 · 이재무 · 이승하였고, 김강태 · 고형진 · 송희복 · 홍용희도 자주 어울린 멤버였습니다. 아, 김지헌 · 안정옥 · 정채원 · 허혜정 씨도 선배님을 흠모하여(?) 잘 따른 문단의 후배들이었지요.

선배님을 땅에 묻고 온 날, 49제 뒤의 추모의 날에 모여 선배님이 안 계신 이 세상의 허전함을 뼈저리게 느끼며 모두 안타까워했었지요. 나이에 관계없이 선배님은 우리 모두에게 참 가까운 분이었습니다. 그만큼 우리를 편안하게 해주었고, 격려해주었고, 때로는 무딘 우리의 펜에 대해 따끔하게 충고해주셨습니다. 선배님이 안 계신 사당동이며 우리 시단, 그리고 한국시인협회의 자리가 너무 넓어 허전하기 이를 데 없습니다. 그 말소리, 웃음소리, 노랫소리가 날이 지날수록 더 많이 그립습니다.

그래서 책을 한 권 묶어 선배님의 목소리를 다시 한 번 듣기로 했습니다. 1주기에 맞춰 책을 내려 하는데 하늘나라에서 그런 책 왜 내느냐고 역정을 내지는 마십시오. 선배님에 대해 쓴 여러 사람의 인물론과 추모의 글을 모았습니다. 선배님이 여러 지면에 쓰셨던 체험적 시론과 수필은 인간적 체취가 물씬 풍겨 가슴을 훈훈하게 합니다. 사모님께서 선배님의 체취가 담긴 글을 한 편 한 편 모아주셨고, 이재무 형이 출판 쪽 일을 주선해 주었습니다. '천년의 시작'에서 흔쾌히 책을 내주겠다고 하여 감격스러웠습니다.

선배님, 책이 출간되면 조촐한 모임을 한 번 가질까 합니다. 그리고 몇 년 있다가 시 전집이나 선집을 내어 또 '임영조 시인을 그리워하는 모임'을 갖고 싶습니다. 허락해주실 거지요?

임영조 선배님!

이런 글을 쓰고 있자니 오늘따라 더욱 뵙고 싶습니다. 제가 선배님을 가깝게 뵌 것은 선배님이 한국시인협회 사무국장이 되었을 때부터였습니다. 저 보고 간사가 되어 심부름을 해달라고 청하시기에 선배님의 사랑을 받는 것이 그저 즐거워 야유회며 세미나 때 짐꾼 노릇을 하면서 선배님이 사주시는 술을 여러 차례 마셨고, 이사도 "내가 사는 동네로 오너라"고 하시어 과천으로 하게 되었습니다.

시내에서 몇 차례에 걸쳐 마셔 취기가 돌아도 과천으로 오는 동안에는 깨게 마련이었습니다. 그럼 선배님은 저를 꼭 술집으로 데려가 '엄격한 선배'로서 '철없는 후배'에게 저의 태작에 대해 조목조목 충고를 해주셨고, 때때로 분에 넘치는 칭찬도 해주셨습니다.

우러러볼 선배님이 지금 제 곁에 없는 것이 참 아쉽지만 선배님이 쓰신 시와 들려주신 말씀은 언제나 제 곁에 있습니다. 시를 배우는 후학들에게 선배님의 시와 시정신을 가르치겠습니다. 이 책이 그들을 위한 작은 길잡이의 역할을 할 것이라 믿습니다.

선배님의 명복을 빕니다.

제 24신

후배 전동균 시인에게

　내 시집 잘 받았다며, 식사 한번 같이 하자는 자네의 메일이 감격스러웠네.
　시집을 내면, 고명하신 문학평론가들과 문단의 대가 시인들한테도 보내드리지 않는가. 주로 안면이 있는 사람들한테 예의상, 혹은 내 시집을 읽고 평이라도 한 줄 써주기를 바라면서 시집을 보내지만 그분들은 백에 아흔아홉은 받았는지 안 받았는지 아무 말씀이 없으시네. 문학인들이 한꺼번에 많이 모이는 문학상 시상식이나 무슨 학회에 나가서 그분들을 만나기도 하는데, 그 자리에서도 "이 시인, 지난번에 낸 시집 잘 받았소. 참 좋습디다." 하는 덕담을 건네는 문학평론가나 대가 시인은 백에 한두 명이지.

하지만 그렇지 않은 분들도 있네. 독후감을 엽서에 꼼꼼히 적어 보내주신 김종길 선생님과 김남조 선생님, 주소를 쓰면서 함께 써놓은 메일 주소로 시집 잘 받았고, 참 좋더라고 덕담을 보내주신 범대순·황동규·이건청·강인한·김준태 선생은 좋은 시인이며, 내가 존경하는 분이지. 문학평론가 이승원 씨는 방배동의 한 복집으로 불러내 밥과 술까지 사주시며 이번 시집 좋다고 하며 격려를 아끼지 않으시더군.

대단한 문학평론가와 시인이 계셨네. 나는 이 두 분에 대한 존경심이 있어 시집을 내는 족족 보내드렸는데 몇 번 사석에서 만났을 때, 시집 잘 받았다는 말씀을 종내 하지 않으시더군. 시인은 돌아가셨고 문학평론가는 살아 계셔.

난 시집을 누가 내게 보내주면 반드시 제목이 마음에 드는 10편 정도를 골라서 읽네. 그래서 그 시편을 읽은 느낌을, 내가 가장 최근에 낸 시집의 첫 페이지, 즉 사인을 하게 되는 면에 간단히 써서 보낸다네. 내가 그간에 당한 설움이 몹시 커서, 송료까지 들여가면서 내게 시집을 보내주신 그 시인들에 대한 예의라고 생각하며 보내드리는 것이라네.

다른 얘기를 좀 하겠네. 한국문학의 세계화는 가능할까 불가능할까. 한국문학은 '세계적 수준'에 근접해 있을까 아직도 요원할까. 나는 한국문학이 세계화를 이루기 위해서는 장르를 넘나드는 전방위 작가가 많이 나와야 한다고 생각하네. 문인이나 문사라고 인정해주지 않고 시로 등단하면 시만 써야 하고 소설로 등단하면 소설만 쓰기를 바라는 이 땅의 풍토는 잘못된 것일세. 내가 신춘문예에 시가 당선되고 나서 4년 뒤인 1988년에 1천만원을 타이틀로 내건 모지의 중편소설 공모에 당선되고 그 다음해에 신춘문예에 단편소설이 당선되자 엄청난 비난이 쏟아져 정신을 차릴 수 없을 정도였네.

"상금에 눈이 어두워 소설을 쓴 거지? 그냥 발표하면 될 것을 소설가 되려는 사람 낙방을 시키고 말아."

"계속 신춘문예 다른 부문에도 투고, 3관왕이나 5관왕을 해서 이름을 떨쳐보시지 그래."

"우물을 파도 한 우물을 파야 하네."

이런 구설에 아랑곳하지 않고 1년에 꼭 한 편씩의 소설을 발표, 10년 만에 10편을 써서 창작집을 내자 누군가 "이형 소설을 누가 인정해줍디까? 일류 소설가가 못 될 바엔 아예 안 쓰는 게 낫지요." 하면서 면전에서 비난을 일삼는 것이었네. 나는 열 개 이야기는 반드시 소설로 써야 했고, 그 이야기들을 책으로 묶었던 것인데.

이밖에도 시로 등단한 이상 시 외에 쓰는 모든 종류의 글은 '잡문'이니 아예 안 쓰는 것이 좋을 거라고 충고한 분도 있었네. 그분은 그 말씀을 하면서 예로 든 이가 황순원 선생이었지. 소설 외에 다른 글은 안 쓰고 가신 분이니 자네도 시 외에 다른 글을 안 쓰고 시만 쓰면 순결성을 인정받아 금방 문학상도 받을 수 있을 거라고 하면서.

소설가가 좋은 에세이나 기행문을 쓸 수도 있는데, 소설 외에 다른 글을 쓰면 외도로 치부되는 문단 풍토는 바람직하지 않다고 생각하네. 특히 시인은 독야청청해야 한다고 생각하는 이 땅의 많은 어르신네는 시인이 쓰는 평문조차도 '잡문'으로 치부하고 있네. 이런 고정관념이 나는 한시바삐 불식되었으면 좋겠어.

  어떤 소설가가 있네. 지금도 활동하고 있는 나랑 비슷한 연배의 소설가지. 그는 어느 날 이 땅의 문학상을 화두로 삼아서 특유의 언변을 발휘하면서 좌중을 즐겁게 하는 것이었어. 그 소설가는 자신이 쓴 대단한 소설에 동인문학상, 이상문학상, 현대문학상 중 하나가 오지 않고 있는 데 대해 이 상의 운영 주체와 심사위원에 대해 일장 성토를 하는 게 아니겠나. 이 사람 완전히 미쳤군, 생각은 했지만 아무 말 없이 그의 달변에 넋을 잃은 척 듣고만 있었지. 그러더니 갑자기 나를 향해 이런 질문을 던지는 게 아니겠나.

  "이형! 지금까지 변변한 문학상 하나 받은 거 없지요?"

  "뭐 그런 셈이죠."

  "형 나이가 지금 40대 중반이죠. 이제 곧 수상 후보자가 아니라 심사위원이 되겠네. 아이고, 이제 젊은애들에 치어 상 받기는 텄소. 두고 보슈, 이제 이런저런 문예지에서 신인상 심사를 해달라고 전화가 올 거요. 형은 앞으로 상 받기는 턴 거요. 나중에 머리가 희끗희끗할 때 공로상 같은 건 한두 개 받을지 모르지만."

그는 동정심이 가득한 표정을 만면에 짓고서 혀까지 차는 것이었어. 아닌게아니라 나는 이 소설가로부터 이런 말을 들은 이후『문학과 경계』『시로 여는 세상』『시문학』『문학사상』『문학나무』『시와 시학』등의 문예지들로부터 신인상 심사를 해달라는 전화를 받았고, 실제로 심사를 했네.

"시인으로서 받을 수 있는 상에는 어떤 것이 있나" 하면서 세어나가는 이 소설가를 그때 난 정말 때려죽이고 싶었네. 변변한 상 하나 못 탔지만 나 자신을 동정하고 싶은 마음이 없었기에 나는 "상복이 있는 사람이 따로 있지요." 하면서 미소를 지었지.

기가 막힌 일은 그 소설가가 나한테 이런 말을 하고 얼마 안 되어 앞서 들먹인 세 가지 문학상 중 하나를 탔다는 것일세. 문학상 타기를 강력하게 소망한 사람인지라 당연한 수상이었는지는 잘 모르겠네.

등단을 해서 때로는 작품을 발표하고 때로는 책을 묶어내면서 나름대로 성실하게 활동을 하면 되는 것이지, 많고 많은 그 문학상 중 하나를 혹은 몇 개를 타야지 문학인으로 인정받을 수 있는 것인가. 참 어처구니없는 일이지. 이백과 두보, 한산자가 상을 타지 못해 위대한 시인이 되지 못했단 말인가.

나는 그날 기분이 너무 나빠 주량을 완전히 오버하여 술을 마셨는데, 전동차 막차를 타고 하차하여 집으로 걸어오면서 밤하늘의 별을 보았네. 아파트에 살면서 별을 보는 날이 1년에 며칠이나 될까. 아무튼 나

는 그날, 심야에 최소한 수십 개의 별을 보았고, 집에 돌아와서도 쉬 잠
들 수가 없었네. 그래서 쓰게 된 시가 바로「뼈아픈 별을 찾아서—아들
에게」일세. 우주의 넓이와 별의 시간, 광년의 거리와 생명체의 수명을
생각해보면 수상 경력이니 문단 권력이니 하는 것들은 참 얼마나 우스
운 것인가. 졸시를 이 편지에 다시 써보네. 이 땅에서 시인으로 살아가
는 일의 슬픔이여. 서러움이여.
 장마철인데 건강에 각별히 유의하기를 바라네.

    취해서 귀가하는 어느 밤이 온다면
    집에 당도하기 전에 꼭 한 번
    하늘을 보아라 별이 있느냐?
    별이 한두 개밖에 없는
    도회지의 하늘이건
    별이 지천으로 돋아난
    여행지의 하늘이건
    뼈아픈 별 몇이서
    너를 찾고 있을 테니
    그 별에게 눈 맞춘 다음에야
    벨을 눌러야 한다
    잠이 들어야 한다 아들아

천상의 별을 찾는다고 네 발 밑에서

지렁이나 개미가 죽게 하지 말기를

통증을 느끼는 것들을 가엾어하지 않는다면

네 목숨의 값어치는 그 미물과 같지

아들아 네 등뒤로 떨어지며

무수히 죽어간 별똥별의 이름은 없어

뼈아픈 별이기에

영원히 반짝이지 않는단다

—「뼈아픈 별을 찾아서—아들에게」 전문

제 25신

인간적인 시인 윤동재 형께

동재 형!

'선생님'이라는 호칭 대신에 '형'이라고 부르는 실례를 용서해주십시오. 오늘은 왠지 형이라고 부르면서 '엉겨붙고' 싶습니다. 오늘은 형에 대해 할 말 못할 말 다 하면서 응석이라도 부리고 싶습니다. 동재 형! 다 받아주실 수 있지요?

형은 1987년에 제1시집 『아침부터 저녁까지』를, 1998년에 제2시집 『날마다 좋은 날』을 냈습니다. 2권 시집에는 예수가 등장하는 시가 10편을 상회합니다. 이들 시집에서 형은 예수를 한 명의 인격체로 인식하는 한편 경배의 대상으로는 다루지 않았습니다. 즉, 예수를 성부와 성신이 아닌 성자로 인식하고 있는 것입니다. 「나의 예수」라는 시를 보면 '나의 예수'란 형이 이해하고 있는 예수인데, 예수는 우리 주변의 장삼이사와 크게 다를 바 없습니다. 만나보고 싶은, 그림으로 그리고 싶은 분입니다.

> 예수의 모습은 왜 이렇게 다른가
> 나도 예수를 만나볼 수 있을까
> 단 한번만이라도 만나볼 수 있을까
> 예수를 만나고 나면 나는
> 어떤 모습으로 그를 그릴 것인가
> 어떻게 그릴 것인가.
>
> ―「나의 예수」 후반부

그림마다 달리 생긴 예수이기에 형은 예수의 본 얼굴이 몹시도 궁금했던가 봅니다. 다른 시도 볼까요.

> 대낮부터 술이 반쯤 취해
> 담배만 연신 뻐끔뻐끔 빨아대며
> 예배당 길 건너 신호등 아래 서서
> 망설이고 있다.

백지수표 두어 장이면

무게를 잡을 수 있는데

내가 한 장 빌려줄까 했으나

그럴 필요까진 없다며

신호등이 몇 번이나 바뀔 동안

망설이고 있다

망설이고 있다

감사절에 오신 하나님

오 구주 하나님.

―「감사절에 오신 하나님」 전문

    기독교인들은 추수감사절이 되면 하나님께 예배를 올리며 감사하는 미음을 갖습니다. 형은 이런 추수감사절에 신이 우리 곁에 온 것으로 간주하는데, 대낮부터 술이 반쯤 취해 담배만 연신 피우는 부랑사의 모습에서 신을 보고 "오 구주 하나님"이라고 부릅니다. 어찌 보면 신성 모독이지요. 그러나 형의 의도가 신성 모독에 있었던 것은 아니라고 봅니다. 형 앞에 신은 이렇게 초라한 인간의 모습으로 나타났던 것입니다. 가난한 부랑자에게 은혜를 베풀면 부랑자는 화자의 구주 하나님이 될 수 있고, 외면하면 화자는 하나님의 나라로 갈 기회를 잃는 것입니다. 형은 하나님조차도 대단히 인간적인 모습으로 그렸는데 신라의 고승

원효는 오죽했겠습니까. 원효는 파계하여 요석공주와의 사이에 설총을 낳은 승려가 아닙니까. 형의 제1시집에는 「원효」연작시 7편이 실려 있고 제2시집에도 원효가 나오는 3편의 시가 있지요.

> 국립 경주박물관 정문 앞 대로상에서
> 썩어 흐늘흐늘한 가마니를 깔고 앉아
> 원효는 사주팔자를 봐주고 있다 하더라
> 연중무휴로 사주팔자를 봐주고 난 뒤
> 사주팔자를 보러 온 이들에게 원효는
> 서라벌 시민증을 하나씩 나눠준다고 하더라
> 서라벌 시민증을 얻은 이들은 이후론 시민증 뒷면
> 시민의 맹세에 따라 살아간다고 하더라
> 시방 신통대사로 통하고 있는 그는
> 아침에 구름을 살짝 밟고 내려왔다가
> 진종일 사주팔자를 봐주고는
> 해거름에 까마귀 목덜미에 앉아 까악까악
> 서라벌 하늘을 한 바퀴 획 돌다
> 저녁노을을 밟고 도로 올라간다고 하더라.
>
> ―「원효·1」전문

원효가 살아생전에 사람들 사주팔자를 봐주고 서라벌 시민증을 나눠주었을 턱이 없습니다. 형은 원효가 이 땅에 다시 온다면 그런 모습으로 와, 그런 행동을 하리라 상상해본 것입니다. 까마귀 목덜미에 앉아 까악까악 우는 것은 까마귀입니까 벌레입니까 원효의 혼백입니까. 형은 원효가 옛 서적 속에서 만날 수 있는 역사적 인물이 아니라 우리의 일상적 삶 가운데 만날 수 있는 현세적 인물로 보았습니다. 경주박물관 정문 앞에서 연중무휴로 사수쌀사를 봐주고 있는 어떤 사람한테서 형은 원효의 이미지를 찾아냈던 것이 아닙니까.

형의 시집을 보면서 저는 예수와 원효 외에도 많은 사람을 만날 수 있었습니다. 이들은 대개 참으로 인간적인 면모를 지니고 있었습니다. 희로애락을 잘 표현하고, 가진 것 없으면서도 베풀기 좋아하고, 불의를 보면 참지 못하고, 무척 성실하고, 약간 고지식할 정도로 순수하고, 올바른 시민정신을 갖고 있고……. 하하, 바로 시인 윤동재의 모습이 아닙니까. 형과 몇 차례 국내여행을 하면서 느꼈던 것은 형의 인간적인 면모였습니다. 한마디로 말해 '소탈함' 바로 그것이었지요. 저는 형의 끊임없이 이어지는 농담에 배를 잡고 웃었고, 형의 촌철살인에 정색을 하고 몸 자세를 바로잡았으며, 형의 털털함에 훈훈한 인간적 정을 느꼈습니다.

이번에 발표하시는 시편에서도 저는 '인간'을 만날 수 있었습니다. 이사 간 곳이 등 따습고 배는 부르지만 모든 것이 낯설어 속이 허전해졌다는 동화작가 권정생 선생이나 전철역 지하도에서 구걸하는 늙은이에게 부처님이라며 천원짜리 한 장을 두 손으로 공양하는 건설회사 일용직 노동자 박수돌 씨의 초상에서 저는 서민의 맨 얼굴을 봅니다. 그 얼굴은 화장한 아가씨보다 몇 배나 아름답습니다. 또 다른 인간적인 인물로 중국 트루판에 가서 만난 가이드 이춘길 씨도 있습니다. 하늘을 보며 나누는 농담이 진한 감동을 줍니다. 만리장성 같은 것을 세우겠다고 수십 만 명을 죽이지 않은 조선의 왕들도, 영덕의 의병대장 신돌석이 이끌던 의병들도 형에게는 인간적인 모습으로 다가왔던 것이 아닙니까. 저는 형 시의 가장 큰 주제를 '인간성 회복' 혹은 '휴머니즘의 고양'이라고 생각합니다. 형 자신의 모습이 늘 진실된 인간의 모습이기에 이런 시들을 쓸 수 있는 것이겠지요. 그리고 인간에 대한 깊은 애정과 연민의 정이 형으로 하여금 동시를 쓰게 하고 있는 것이 아닙니까.

　형의 동시집 『재운이』와 『서울 아이들』을 보면 눈물이 다 납니다. 시집 『재운이』에 나오는 동시 「재운이」는 꽤 기니까 다른 시를 한 편 써봅니다.

　　일요일 오후
　　아버지와
　　깨밭을 매다 보니

어느덧 산 위에
빠알간
저녁놀이 걸려 있었다.

―아, 우예 저래 이쁠꼬?

"아부지예, 저녁 놀 한번 보이소."
"야야, 알았다마.
해 얼마 안 남았데이……"

어디서 날아왔는지
백로 두 마리
저녁놀을 비껴가고 있었다.

―「저녁놀」전문(『채눈이』예시)

형이 그린 풍경화가 너무 고와 성스러움까지 느낄 수 있습니다. 노동하는 부자가 자연의 아름다움을 인식하는 이 광경 앞에서 저는 제 아버지가 보내주신 참기름을 생각하며 눈물짓습니다. 제 아버지는 허리와 다리 통증이 너무 심해 기동하기도 어려운데 아직도 밭일을 하고 계시지요. 아래 시의 희망원은 부모 없는 아이들이 자라는 보육시설의 이름이겠지요.

> 희망원 앞마당의
> 느티나무 두 그루
> 오늘은 서로 어떤 약속을 했는지
> 슬픔을 먹고 사는 아이
> 외로움을 먹고 사는 아이
> 무릎 아래 모아놓고
> 진종일
> 손을 잡아주다가
> 가슴을 어루만져주다가
> 뺨을 비비다가
> 해질 무렵엔 어쩔 수 없이
> 눈시울이 빨갛게 젖고 있다.
>
> ―「희망원의 느티나무」 전문(『서울 아이들』에서)

슬픔과 외로움을 먹고 사는 아이들에 대한 형의 따뜻한 연민의 시선이 이 시를 쓰게 했을 것입니다. 노을이 지는 것을 느티나무의 눈시울이 빨갛게 젖고 있다고 표현했는데, 이런 발견을 가능케 한 것도 인간에 대한 깊은 연민의 정, 바로 측은지심 덕분이겠지요. 형은 『동시로 읽는 옛이야기』와 『구비구비 옛이야기』, 그리고 시 그림책 『영이의 비닐우산』도 내셨지요. 시와 아동문학에서 활발한 활동을 전개하시는 형이 사실은 한학에 조예가 깊은 분인 줄 세상사람들은 잘 모를 겁니다.

저는 형이 민족문화추진회 국역연수원 장재한 교수한테 한문을 배웠고 고려대학교에서 「조지훈, 김종길의 한시와 현대시 상관성 비교 연구」로 박사학위를 받은 것으로 압니다. 학위논문을 포함하여 한시를 연구한 논문을 모아 『한국현대시와 한시의 상관성』을 펴내기도 했었지요. 동심의 세계에서 노니는 형이 한학의 높은 경지를 탐색하고 계시니, 저처럼 얕은 글을 쓰는 서생은 고개가 절로 수그려집니다.

동재 형!
인간을 탐구하는 형의 작업이 좋은 결실을 맺기를 기원합니다.
오늘은 형한테 전화를 걸어 양평쯤에 가서 매운탕 안주에 소주잔이나 기울이고 싶습니다. 형의 동서고금을 아우르는 해박한 지식에 곁들여지는 농담이 그 자리를 더욱 풍성하게 할 것입니다.

제 26신

황우석 교수님에게

요즈음 어떻게 지내고 계십니까? 매스컴이 더 이상 황 교수님을 쫓아다니고 있지 않는 요즈음에는 두 발 뻗고 주무시고 계십니까?

교수教授의 사전적 정의 중 하나는 "학문이나 기예를 가르치는 것"이고 또 하나는 "대학에서 학생을 지도하고 연구에 종사하는 교원"입니다. 후자를 더욱 분명하게 지칭하여 '대학교수'라고 합니다. 저도 직업이 대학교수여서 대학생들에게 학문이나 기예를 가르치며, 학생들을 지도하고 연구에 종사하고 있습니다. 그런데 2005년에는 제 직업이 대학교수인 것이 전혀 자랑스럽거나 보람되지 않았습니다. 오히려 수치스럽고 치욕스럽게 여겨졌던 적이 한두 번이 아니었습니다.

그 전 해에는 대학교수의 논문 표절이 여러 차례 문제되었습니다. 대학교수가 쓴 연구논문 가운데 각주를 통해 인용한 것임을 밝히지 않은 경우가 왕왕 있었고, 왕창 베끼거나 여기저기서 가져와 짜깁기를 하는 사례들이 밝혀져 여러 대학교수가 도마 위에 올랐습니다. 특히 문제가 된 사례는 이런 것들입니다.

경기도 소재 모 공과대학의 교수는 같은 학과 동료교수의 박사논문을 베껴 자신의 박사논문으로 냈고, 표절한 논문들 중 2편을 자신의 박사논문 지도교수와 공동 저자로 발표했습니다. 부부 교수 중 한 사람인 여교수가 같은 시기에 남편과 같은 주제의 논문을 발표해 문제가 되기도 했습니다. 제자의 박사논문을 자신의 논문으로 발표하고, 3년 후 이 논문을 제자가 다른 저자와 함께 다른 지면에 2회 발표해 문제가 된 적도 있습니다. 이들이 모두 징계를 받았는지는 알 수 없는데, 교수의 이런 비양심적인 행위를 학생들이 안다면 그는 존경받지 못할 것입니다. 아니, 멸시의 대상이 될 것입니다.

2004년 하반기에는 그 전해에도 문제가 되었던, 대학교수의 연구비 횡령 사건이 다시금 몇몇 일간지와 교수신문을 장식했습니다. K대 최 아무개 교수는 2000년 1월부터 4년간 대학원생의 인건비 5천만 원과 연구비 2억5천만 원을 빼돌려 자신이 운영하는 벤처회사의 운영자금 등으로 쓰다가 적발되었습니다. E대 변 아무개 교수는 2000년 3월부터 2002년 10월까지 연구비를 관리하는 제자이기도 한 교수들에게 일

정액을 자신의 정기예금통장에 송금시키는 방식으로 2억2천만 원을 빼돌려 유용한 혐의로 구속 기소되었습니다. 이런 일이 언론에 보도되면 사람들은 말합니다. 빙산의 일각일 것이라고. 밝혀진 것 외에 얼마나 많은 일이 대학사회에서 벌어지고 있을까, 의심의 눈길로 바라보는 것입니다. 저도 대학교수이기에 이런 사건이 언론에 보도되면 공연히 마음이 찜찜해집니다. 내 논문에 무슨 문제가 없나? 나는 연구비를 투명하게 쓰고 있나? 그러던 차에 터진 것이 황 교수님의 논문 조작 등 일련의 사건입니다. 교수님은 책임을 지는 의미로, 또 국민 앞에 사죄하는 의미로 서울대 석좌교수직을 내놓기로 했다지요. 학생들 앞에 다시 설 자신이 없었을 테니, 당연한 일을 한 것입니다.

여기서 교수의 사전적 의미를 다시금 살펴볼 필요가 있습니다. 대학교수란 대학생들에게 학문이나 기예를 가르치는 교사 혹은 대학에서 학생을 지도하고 연구에 종사하는 교원만을 뜻하는 것이 아닙니다. 국민이 대학교수에게 원하는 것은 '사표師表'입니다. 우리 사회 양심의 척도로 삼을 수 있는 사람, 도덕성을 지닌 사람, 자기가 한 말에 책임을 지는 사람······. 이런 사람임을 요망하는 것이지 많이 배운 사람, 지식이 많은 사람, 똑똑한 사람임을 요구하는 것 같지는 않습니다.

옛날 선비들은 과거에 급제하여 정치일선에서 치세를 하는 것을 학문의 목표로 삼기는 했습니다. 하지만 권모술수와 모함이 판을 치는 정치에 환멸이 느껴지면 벼슬을 내놓고 초야에 묻혀 후학 기르는 일을 했습니다. 나라에서 다시 그를 불러도 한사코 사양하며 서당에 나가 『천자문』과 『소학』, 『동몽선습』등을 가르쳤습니다. 그 책에는 수신제가치국평천하의 도리가 적혀 있었습니다. 선비들은 치국평천하하기가 어려움을 알면 역으로 수신, 제가하는 것이 양반의 도리라고 생각했습니다. 또한 후학 지도를 국가 경영만큼 엄숙하게 생각했기에 다스리는 일을 마다하고 가르치는 일에 전념했던 것입니다.

저는 선생님을 소재로 하여 한 편의 시를 썼습니다. 제 시 읽으시고 노여워하기 전에 왜 제가 선생님을 이 시대의 광대로 간주하게 되었나, 곰곰이 생각해보기를 바랍니다.

    박수 소리 환호성 소리
    상암경기장의 붉은 악마들이 내는 소리만큼이나 크다
    신의 목소리 들리지 않는 이곳 공연장에 온
    저 어마어마한 관객을 보라
    최고 권력자를 포함한 정치권 인사들이
    언론사에서 보낸 기자와 사진기자들이
    쓰느라 찍느라 정신이 없다

    마술사 황우석이 손을 들어 벌리니
    비둘기가 한 마리 허공으로 치솟는다

지폐가 쏟아진다 돈더미 쌓여 눈을 가린다
상자에 꽂힌 칼을 뽑으니
배란기의 여자들이 상자에서 수도 없이 나온다
마침내 줄기세포가?
마침내 노벨의학상이?

관객이 없는데 어찌 광대가 있으리
온 국민의 환호성 속에서
연장 공연을 약속하는 흥행사 황우석
일부 관객은 자리를 뜨지 않고
박수를 계속해서 치고 있다
더 믿어줄 준비가
더 속아줄 준비가 되어 있으니
멋진 광대! 손오공처럼 머리칼 뽑아
너를 복제하라

―「광대를 찾아서 18」 전문

    대학교수가 국민의 지탄이 되면 그 사회는 희망이 없는 사회입니다. 저부터 양심을 지키며 살아가고 있는가, 도덕성을 지닌 인간인가 심각하게 반성해볼 일입니다.

제 27신

글을 쓰는 나 자신을 위로하며, 독자에게

　1984년에 중앙일보사가 제게 시인의 관을 씌워준 이래 글을 쓰면서 살아가고 있습니다. 그런데 이 관이 요즈음에는 월계관이 아니라 내 시신이 안치된 관이란 생각이 많이 듭니다. 관 속에서 호흡하기? 관 속에서 시 쓰기? 20년을 넘게 글을 쓰면서 살아왔는데 요즘처럼 힘에 부치는 때가 없었습니다. 앞으로는 좀 나아질까요? 아니면 더욱 악화될까요? 글을 쓰는 것도 이제는 두렵고 책을 내는 일은 더더욱 두렵습니다.
　산문집 『그들은 그렇게 만났다』를 낸 적이 있었지요. 책을 내자마자 영화사의 자회사인 출판사가 영화의 흥행 실패로 문을 닫아 인세를 책으로 받게 되었습니다. 참 아이러니컬한 일이지요. 그 책을 주변 사람들에게 다 나눠주었습니다. 공수래공수거. 책도 돈처럼 무덤에 지고 갈 수 없는 것입니다.

시집 『박수를 찾아서』를 내준 굴지의 출판사가 어학 교재 사업에 뛰어들었다가 문을 닫은 이후 그 출판사에서 낸 수많은 책과 함께 제 시집까지도 구정가 세일로 팔리는 것이었습니다. 눈에 뜨일 때마다 얼른 사서 쌓아둘 때의 서글픔이라니. 아래의 시는 그 시집의 표제작입니다.

윤달이 지났으이 또 집 떠나야제 석출이
니가 없는 굿마당은 영 매가리없어 못 보겠더만
영동 일대, 바다 가까운 마을에서 산 아래 마을까지
갯바람 속에서 높새 속에서 씨를 남기고 시드는
싯누른 잡초들을 향해 니는 입때껏
몇 곡조의 노래를 뿌렸더노
몇 사람의 혼백을 달랬더노
살다 못 볼 것 다 보았겠네그려

어무이 다섯 살에 돌아가시고
그때버텀 굿마당을 따라다닌 니는
일곱에 징채를 잡고 여덟에 박자를 알았다고 했제
세습의 땅, 길은 진흙길이나 길은 핏줄처럼 이어져

니는 선상도 없이 밤새워 종이꽃을 만들었다고 했제
모란꽃을, 함박꽃을, 산국화를, 모든 시들지 않는 꽃들을
미우나 이쁘나 시들지 않는 꽃은 없지러 왕후장상이
죽어서도 왕후장상이가 죽어서도 고대광실이가

앞에서는 욕, 뒤에서는 손가락질이지만
이도리* 든 얼라 앞에서도 굽실굽실
술 묵은 개 앞에서도 굽실굽실
사람 껍질 쓰고 나와 사람 대접 못 받아
이런 넨장맞을, 울고 싶을 땐 춤을 추고
이 쌍녀러새끼들, 욕하고 싶을 땐 사설도 했제
장구를 치고 징을 두드리고, 아니지러
생자의 응어리를 치고 망자의 가슴을 두드리고

석출아, 인간의 마을 어디를 가도
피 맺힌 한 없는 사람은 없능 기라
한 판 굿으로도 어찌할 수 없는 우리 죄업의 나날
불러주면 어데라도, 허기 달래며 달려간 거리는 몇 만리냐
중중모리에 맞춰 빛 번지는 이마를 휘젓던 니는
세상의 곤혹을 헤치고 굽이굽이 숱한 밤을 넘기더이

201

쭈글쭈글 늙었구마, 니 상처 니가 핥다 바람이 되믄

그 신명 그 장단 어데 가서 구경하노, 으이?

* 이도리 : 돈을 가리키는 무당 사회의 은어. 통영 일대에서는 '배미'라고 함.

— 「박수를 찾아서」 전문

    제 주변의 문인들을 봐도 그렇습니다. 출판계 현황 운운하며 몇몇 출판사에서는 저자에게 갖은 불이익을 줍니다. 그래서 많은 사람들이 말합니다. 책을 내는 것이 기쁜 일이 아니라 자존심 구기는 일이 되고 말았다구요. 글을 써서 책을 낸다는 일에 대해 우리에게 좋은 교훈을 주는 사람이 있습니다.

    존 케네디 툴이라는 미국 소설가가 있었지요. 1937년 뉴올리언스에서 태어난 그는 1969년, 그러니까 서른둘의 젊은 나이에 자살로 생을 마감했습니다. 콜롬비아 대학교 대학원에서 문학석사를 받은 뒤 몇 개 대학에 출강하면서 밤잠을 줄여가며 쓴 장편소설 『저능아들의 동맹 *A Confederacy of Dunces*』을 들고 수많은 출판사를 찾아가 직접 내밀기도 하고 우편으로 부치기도 했지만 내주겠다는 출판사가 없었습니다. 좌절감을 이겨내지 못하고 툴은 자살하고 말았습니다. 그의 사후에 어머니가 계속해서 출판사를 찾아다녔습니다. 12년 뒤에 출간된 이 작품에 대해 퓰리처 재단은 퓰리처상 소설 부문 상을 주었습니다. 죽은 사람에게 상을 준 것은 극히 이례적인 일이었다고 합니다. 그만큼 좋은 소설이었다는 말입니다.

  책 한 권 내는 일이 이렇게 어렵기도 한 것입니다. 내 책을 미지의 독자가 외면해 버린다면? 아아 그러나 글쟁이는 글을 쓰고 책을 내는 것이 운명인 것을 어떻게 합니까. 시인이 낸 동화책이 100쇄를 찍는 것을 부러워할 것이 아니라 내 책의 값어치 없음을 부끄러워해야 할 것입니다. 아아, 글을 쓰는 것도 부끄러운 일이지만 책을 내는 일은 더욱 부끄러운 일입니다. 나무를 베어 펄프를 만들고 펄프를 갖고 책을 만들지 않습니까. 내 책을 극소수의 독자가 읽을지라도 그 극소수의 독자에게 고개 숙여 감사할 일입니다.

제 28신

하늘나라로 일찍 간 기형도에게

형도!

자네가 세상을 뜬 지도 어언 17년 반이 넘었네. 내가 동기생 남진우의 전화를 받고 세브란스병원 영안실로 헐레벌떡 달려갔던 봄날, 자네는 영정 속에서 아무렇지도 않다는 듯 나를 내려다보고 있었지. 나보다 백 배는 건강하게 보였던 자네가 나이 서른이 되기 직전에 고인이 되었고, 내가 자네한테 조문을 가서 절을 올리게 될 줄이야. 만날 때마다 느낀 것이지만 자네는 너무나 씩씩했고 유쾌했고 말도 참 잘했었지. 그때까지만 해도 말을 꽤 더듬었던 나와는 너무나 대조적으로.

영안실에서 소주를 마시면서 하재봉 씨와 나눴던 대화가 잊혀지지

뒤에 서 있는 사람은 기형도와 조선일보 박해현 기자. 앞에는 웃고 있는 나와 가방을 들고 있는 후배 시인 전동균. 1987년인가 1988년인가 모르겠다.

않네.

"이형! 최근에 기형도가 발표한 시들 읽어보셨어요?"

"읽어봤지요. 기가 막힌 일입니다. 전부 자기 죽음을 예언한 시들 아닙니까."

자네가 시내 파고다극장에서 영화 〈뽕 2〉를 보다가 절명한 것은 1989년 3월 7일 새벽 3시 30분경이었네. 계간지가 3월 1일 전후로 출간되었는데 공교롭게도 그 시점에 발표한 시들, 즉 사망 직전에 발표한 시들의 제목이 '빈 집', '가수는 입을 다무네', '입 속의 검은 잎' 등이었 네. 하재봉 씨와 나는 바로 며칠 전에 읽은 그 시편들에 거무튀튀하게 번져 있는 죽음의 이미지에 대해 이야기를 나누며 소주를 물마시듯 마 셔댔었네. 평소의 자네는 병을 앓기는커녕 건강하기만 했었으니 죽음 이 도무지 믿어지지가 않았네. 아무런 질병의 흔적도 약물 복용의 혐의 도 남기지 않은 자네가 도대체 왜? 하지만 희한한 일은 사망 며칠 전에 우리들에게 보여준 자네의 시가 온통 죽음, 죽음, 죽음의 이미지로 가 득했다는 것이었네. 자네는 왜 그 야심한 시간에 남색가들이 파트너를 찾기 위해 들어간다고 하는 그 극장에 들어가서 새벽녘에 숨을 거두었 던 거지? 아무튼 자정 넘어서까지 이어진 영화 상영이 끝나 관객들이 다 나가고 텅 빈 극장 안에 청소하러 들어간 청소부에 의해 자네가 발 견되었을 때는 이미 뇌졸중으로 절명한 후였지.

영안실에서 자네와 절친했던 원재길 씨에게 물어보아도 자네가 죽기 전날의 행적이 드러나지 않아 우리는 자네가 왜 그 시간에 그곳에 갔는 지, 그곳에서 죽었는지 모르겠다고 이구동성으로 이야기했지.

내가 자네를 처음 만난 것은 1987년 겨울이 아니었나 싶네. 자네는 그 무렵 중앙일보 문화부 기자가 아니었던가? 나한테 전화를 해왔었지.

"이승하 시인이지요? 저 중앙일보 문화부에 있는 기형도라고 합니 다."

"기형도 씨라구요? 반갑습니다. 동아일보 당선작 「안개」 잘 읽었습니다. 시가 참 좋던데요."

"고맙습니다. 제가 전화를 한 이유는 이형한테서 원고를 하나 받고자 해서입니다. 지금이 이른바 신춘문예의 계절 아닙니까. '나의 신춘문예 체험'이라는 코너를 만들었는데 이 시인께서 신춘문예를 준비하고 당선되던 시절의 이야기를 써주시면 고맙겠습니다."

"쓰지요. 몇 매 정도 쓰면 됩니까?"

원고를 팩스로 보낼 수도 있었지만 그때는 아직 E-메일이란 것이 사용되기 전이었네. 자네는 시간이 되면 중앙일보사로 한번 와주기를 원했고, 나도 1985년 동아일보 당선작 「안개」를 쓴 자네를 만나고 싶어 원고를 들고 오랜만에 중앙일보사에 놀러갔지. 우리는 그 날 신문사 근처 음식점에서 점심을 같이 먹었었네. 저녁이었다면 술잔을 기울였겠지만 자네를 처음 만난 날 술을 마신 기억이 없으니 만난 시간은 분명히 낮이었네.

자네는 밥을 먹으면서 나를 한동안 몹시 원망했었다고 말했었지. 1983년 말, 중앙일보사에 「겨울 판화」 연작시 몇 편을 투고하고는 내심 큰 기대를 걸고 있었는데 자신은 최종심까지 올라가 차점자로 떨어지고 이승하의 「화가畵家 뭉크와 함께」가 당선되어 부러움과 동시에 질투심이 나서 몹시 괴로워했다고 말했었네. 그럼 자네의 시 「질투는 나의 힘」은 나 때문에 쓴 시인가? 그런 것이 뭐가 중요하겠나.

"이형의 시는 대단히 충격적이었습니다. 처음에는 뭐 이런 시가 다 당선이 되었나 싶어 화도 나고 그랬어요. 말더듬이를 하나의 화법으로 삼을 생각을 어떻게 하셨습니까?"

"하하, 제가 말을 꽤 심하게 더듬었거든요. 지금도 사람들 앞에서 발표를 하거나 회의석상에서는 말을 막 더듬습니다."

자네는 내가 내민 글에 '입대 전 투고… 꼴찌 작품으로 습작 마감'이라는 제목을 붙여 실어주었네. 꼴지 작품이란 것은 무슨 말인가 하면, 투고작 중 제일 밑에 깔려 있던 작품이 당선작으로 선정되었다는 것.

그날 이후 자네와의 만남은 그저 1년 한두 번, 그것도 문인들이 한꺼번에 모이는 시상식이나 송년 모임 같은 때였네. 나는 그 무렵 쌍용그룹 홍보실이라는 데 적을 두고서 만원 전철에 실려 출·퇴근을 하는 샐러리맨이었고, 자네는 신문사 정치부와 문화부, 편집부 등을 거치며 경력을 쌓아가고 있던 민완한 기자였지.

자네는 그 시절에 기자로서는 경력을 확실히 쌓아가고 있었지만 시인으로서는 철저히 무명이었네. 자네의 살아생전에 자네의 시에 대해 언급한 문학평론가는 딱 두 사람, 조남현과 최동호 씨였네. 조남현은 「신예들의 저력과 가능성」에서, 최동호는 「80년대적 감성의 자리잡기」에서 80년대에 등단한 여러 전도유망한 시인을 죽 나열하는 가운데 기형도도 있다는 식으로 스쳐 지나가면서 언급했을 따름이었지.

1985년 동아일보 신춘문예로 등단하여 1989년 3월 7일에 작고할 때까지 자네는 철저하게 무명의 시인이었지만 사후에 자네에 대한 평가는 완전히 뒤바뀌네. 문학과지성사에서 김현 씨가 해설을 써 간행된 유고시집 『입 속의 검은 잎』은 문지시선 사상 최고의 발행 부수를 기록하게 되고 작고 10년 만에 간행된 전집은 발간 사흘 만에 재판을 찍었지. 자네의 시집은 아마도 지금껏 최소 50만 권은 나가지 않았을까? 자네 사후에 자네의 시를 연구한 글이 1백 편이 넘게 발표되었네. 요즈음 내 제자 중 한 사람은 자네의 시와 보들레르의 시에 나타난 각종 이미지를 비교 연구하는 석사논문을 쓰고 있다네. 지도교수인 나는 그 학생에게 자네에 대한 이런저런 이야기를 시시콜콜 해주지 않았는데 이 편지를 보여주면 무척 놀라겠군.

나는 자네를 만난 적은 몇 번 없었지만 연세대 출신의 시인 원재길(지금은 소설가)과 여러 해 동인 활동을 했었기에 자네에 대한 이야기는 수시로 듣고 있었네. 지네의 지독하게 가난했던 유년 시절에 얽힌 여러 가지 이야기들을. 나는 생시의 자네를 사실은 시인으로서보다는 기사를 정직하게 쓰는 기자로 기억하고 있다네. 영화평이나 연예인 평은 침소봉대를 하게 마련인데 자네가 촌지를 받았는지 안 받았는지 알 수 없지만 느낀 그대로 써 내 기억에 강하게 남아 있네.

자네는 살아생전에 우리 시단의 '카수'였네. 연세대 국문학과에 계신 정현기 교수도 어느 가수 못지않은 노래 실력을 갖고 있는데 연대 나온 사람은 다 노래를 잘하나 봐. 자네는 남진우의 결혼식장에서 영화〈로미오와 줄리엣〉프랑코 제피렐리 감독의 주제가인「캐플릿 가의 축제 The feast at the house of capulet」를 정말 멋지게 불렀었지. 시단의 카수 3총사는 자네와 박주택과 장석남인데……. 지금은 누가 노래를 제일 잘하는지 모르겠네.

아아, 「캐플릿 가의 축제」의 가사는 자네의 짧게 끝날 생애를 애도하려는 누군가의 예언 같은 노래라고 할까.

What is a youth? Impetuous fire
What is a maid? Ice and desire
The world wags on.
젊음이란 무엇일까요? 격렬한 불꽃?
처녀란 무엇일까요? 냉담과 욕망?
세상은 변하고 있어요.

A rose will bloom. It then will fade.
So does a youth.
So does the fairest maid.
한 송이 장미가 피었다가 시들어가듯
그렇게 젊음도

아름다운 처녀도 시들어간답니다.

Comes the time, when on e sweet smile has its season for a while.
The love's in love with me.
때가 되면 달콤한 미소가 잠시 한동안 머물면서
사랑이 내게 찾아옵니다.

Some, they think on ly to marry
Others will tease and tarry.
Mine is the very best parry.
Cupid, he rules us all.
어떤 사람들은 그저 결혼하기 위해서
어떤 사람들은 즐기기 위해서라시만
제 핑계가 제일 멋질 거예요.
다 큐피드의 조화라는 거죠.

Caper the cape but sing me the song.
Death will come soon to hush us along.
신나게 춤을 추며 노래를 불러주세요.

죽음이 우릴 곧 잠재우러 올 테니까요.

Sweeter than honey and bitter as gall.
Love is a task and it never will pall.
꿀보다 달콤하고 쓸개즙보다 쓴 사랑은
힘들지만 결코 흐리멍덩하진 않죠.

Sweeter than honey and bitter as gall.
Cupid, he rules us all.
꿀보다 달콤하고 쓸개즙보다 쓴 사랑은
모두 큐피드의 조화랍니다.

A rose will bloom. It then will fade.
So does a youth.
so dies the fairest maid.
한 송이 장미가 피었다가 시들어가듯
그렇게 젊음도 가고
그렇게 아름다운 처녀도 사라져간답니다.

하재봉 시인은 자네 사후 1주기 모임을 주선하였지. 그는 기막힌 아이디어를 떠올렸네. 남진우에게 부탁하여 예식 행사를 찍은 비디오필름을 빌렸고, 어느 순간 추모 행사장의 불을 끄고 암흑천지로 만든 후에 기형도가 노래를 부르는 장면을 틀어주었다지. 그 자리에 모인 여성 독자들이 일제히 울먹였다고 하더군. 그 추모의 자리에 나는 회사 일로 못 갔지만 자네에 대한 내 마음은 그때도 지금도 애도, 애석함, 애처로움 등이네. 가난도 무명도 떨쳐버리고 신문기자로서, 또 시인으로서 탄탄대로를 걸어갔어야 할 자네에게 죽음의 사신이 그렇게 일찍 방문했으니!

형도!
자네가 간 지도 어언 20년이 다 되어가네. 나는 시집도 몇 권 냈고 문학평론집도 몇 권 냈네. 모교의 교수가 되어 살아가고 있지. 요즈음 시단은 어떻냐고? 아주 조용하다네. 문예지의 폭발적인 증가로 시인이 한 해 수십 명씩 쏟아져 나오지만 이상하게도 시단의 분위기는 침체되어 있는 듯하네.
지금 우리 시단은 빈사지경이라고 할까 아사지경이라고 할까. 서울의 교보문고 등 몇 군데 대형 서점을 제외하고는 문예지와 시집은 아예 취급을 하지 않는다고 하네. 시집이건 무엇이건 책이 워낙 안 팔리니까 모 출판사에서는 인기 있는 미모의 방송국 아나운서가 책을 번역했다면서 대대적인 사인회를 갖는 등 갖은 방법을 다 동원하여 책 판매에 열을 올리더니 다른 사람이 번역한 것이 들통 나 출판사와 아나운서가 다 욕을 먹었다네.

 교보문고에서 집계한 2005년도 시집 베스트셀러 10위 안에 개인의 창작 시집은 한 권도 없네. 번역된 잠언시집이니 누가 편한 애송시집이니 사랑시집이니 하는 것들이 아니면 도통 나가지를 않는다고 하네. 2006년도 상반기 베스트셀러 10위 안에는 다행히도 김용택의 신간 시집인『그래서 당신』이 8위에 랭크되어 있지. 상반기 9위를 마크한 시집이 바로 자네의『입 속의 검은 잎』일세. 자네에게 할 말은 아니지만 지독한 생명력일세. 더더욱 미안한 말이지만 나는 자네의 시가 이렇게 생명력이 긴 이유 중의 하나가 자네가 일찍 작고했기 때문이라고 생각하고 있네. 30대를 거쳐 이제 나처럼 나이가 마흔일곱이면 그 동안 세파에도 시달리고 문단의 구설수에도 시달리며 많은 흠집을 지니게 되었겠지만 자네는 숨을 거둔 그 날 이후 지금까지 방황하는 청춘, 상처받은 영혼, 고결한 청년시인의 상징이네. 윤동주가 우리에게 사각모를 쓴 얼굴로 기억되고 있는 것처럼 자네는 서른 살 생일을 엿새 앞두고 아깝게 죽은 시인으로 기억되고 있기 때문이 아닐까. 게다가 자네의 시는 슬프고 아프지. 암담하고 암울하고…….

 우리 문단에 거대한 물결을 이루며 흘러가던 민중문학이 소연방의 해체와 동구 공산권 사회의 몰락으로 갑자기 목소리를 죽이게 된 시점에 자네는 숨을 거뒀던 것이고, 자네의 뼈아픈 내면 일기와 세계에 대한 절망감, 상황에 대한 환멸감은 90년대의 도래와 함께 가장 잘 맞아떨어지는 품목이기도 했었네. 자살을 생각해본 적이 있는 10대 말과 20대의 젊은이라면 자네 시에 나타난 죽음 이미지, 짙게 깔린 안개, 검은색 등은 엄청난 매력으로 다가왔지. 문학평론가들도 애도와 추모의 마음으로 앞을 다투어 글을 썼었네.

최근에는 그간 조용하던 시단에 파문이 하나 일어났지. 권혁웅이라는 문학평론가가 몇 명의 시인을 '미래파'라고 명명하면서 옹호하고 나섰는데, 이들의 시는 80년대의 해체시와는 달리 대다수의 독자와 소통이 되지 않는다는 공통점이 있으니 안타까운 노릇이지. 게다가 여러 평론가가 반격에 나서 이들 시인이 문학적 공감대 형성에 신경 쓰지 않고 독백조로 쓴다고, 상상력이 자신의 체험 세계에만 갇혀 협소하다고, 운문성을 죄 버렸다고, 깊이가 없고 자동기술적으로 시를 쓴다고 공격하면서 이들의 기세가 한풀 꺾여버린 느낌이 드네. 그리고 80~90년대에 좋은 시를 썼던 많은 시인이 지금은 붓을 꺾은 상태라네. 인터넷의 발달로 미 등단 아마추어 시인과 기성시인과의 차이도 없어진 듯하네. 매년 최소한 100명은 등단하는 듯한데, 그래서 희소가치가 없어졌고, 자연히 시인이 홀대받게 되었지. 자네는 내 말을 이해하지 못하겠지만 이제는 시를 인터넷상의 카페에다가 올리고, 검색하고, 퍼가고 있다네. 시집을 사지 않아도 컴퓨터를 켜면 웬만한 시는 다 볼 수 있지.

우리 시단의 분위기가 이 지경이지만 나는 지금도 시인이고 학교에서 학생들 앞에서 시의 아름다움을 역설하고 있다네. 자네 시의 그 치열함과 처절함을 매 학기 학생들에게 이야기할 때마다 내 귓가에는 자네의 노랫소리가 들려오는 듯하네. 자네가 지금까지 살아 있다 하더라도 시를 위한 순교자적인 자세를 잃지 않고 있으리라고 믿네. 80년대를 살면서 자네는 그 시대에 대해 절망했었는데 90년대도 2000년대도 이 땅은 여전히 비극적인 상황이네.

형도!
하늘나라에서도 시 열심히 쓰고 있겠지만 나는 읽을 수가 없구먼. 다시 한번 자네의 명목을 비네. 아픔도 설움도, 억울함도 부러움도 없을 그곳은 정녕 천국이 아닐까 싶네. 평안하게나.

2006년 10월 2일
자네를 벗으로 생각하는 승하가

다음은 '나의 신춘문예 체험'이라는 연재 기획물의 하나로, 기형도 기자의 청탁으로 썼던 글이다.

입대 전 투고… 꼴찌 작품으로 습작 마감

일찍 닥친 추위로 손가락이 곱아 원고지에 글씨 쓰기가 힘들었던 1983년 12월 초를 생각하면 지금도 얼굴에 쓴웃음이 피어난다. 머리맡의 영장은 1월 하순이면 군인이 되어야 함을 명하고 있었으니, 졸업식에는 참석할 수 없겠다는 생각에 몹시도 울적하였다. 이제껏 신춘문예 심사평이나 문예지 신인상의 예심 통과자 명단 같은 데서 이름 석 자를 여덟 번 발견하기까지 숱하게 응모했던 터라 84년 신춘문예도 전혀 자신이 서지를 않았다.

외풍 센 방에서 동태가 되어 원고지를 메우는 일은 이래저래 고역이었다. 부엌에 가 파지를 양동이에 넣고 태우며 손을 녹이곤 했다. 겨우겨우 시 15편과 소설 1편을 마감 전날까지 정서할 수 있었다. 연례행사였던 투고와 낙방이라 대학시절에 모은 재산을 여러 신문사에 나누어 헌납하고 입대하자는 심정이었다.

중앙일보에서 전화가 왔을 때 나는 내 귀를 의심하였다. 첫째 이유는 중앙일보사에서 당선 통지가 왔기 때문이었고, 둘째 이유는 뽑힌 작품이 「화가 뭉크와 함께」라고 했기 때문이었다.

흔히 신춘문예는 심사위원의 취향을 염두에 두고 투고하게 마련인데 나의 예상은 완전히 빗나가 버렸다. 그래도 가장 희망을 걸었던 조선일보에서는 종무소식이었고 괜찮은 작품을 보냈다고 생각한 한국일보에서는 심사평에 이름이 나와 있었다. 중앙일보에는 스스로 별 신통치 않은 것을 묶어 보냈는데 당선이 되었다는 것이다. 당선작도 결과가 거꾸로 나왔다. 다섯 편 가운데 맨 밑에 깔려 있던 짧은 시여서 고소를 금할 수 없었다. 그해 투고한 소설은 다행인지 불행인지 차점자로 떨어졌다.

어쨌거나 시상식 바로 다음날 나는 머리를 시원하게 깎았다. 뭉텅뭉텅 잘려지는 머리카락과 함께 나름대로 힘들었던 습작시절도 그렇게 끝이 났다. 훈련소의 겨울, 그 춥던 밤의 '팬티 바람에 집합'이라는 것도 추운 줄 모르게 했던 4년 전의 의욕과 열정이 새삼스럽다.

제 5 부

가족, 그 상처의 기록

제 29신

어머니에게

종일 비가 내리고 있습니다. 이런 날이면 어머니는 허리와 무릎이 아파 창 밖을 자주 내다보곤 하셨지요. 뼈 마디마디를 바늘로 찌른다는 신경통, 성냥 가는 길에 넘어져 얻은 허리통. 세월의 아픔은 이런 육신의 고통보다 더하게 어머니의 가슴을 저미고 있을 것입니다.

아이고—
어머니는 이 한마디를 하고
내 등에 업히셨다

경의선도 복구 공사가 한창인데
성당 가는 길에 넘어져
허리를 다치신 어머니

받내는 동안 이렇게 작아진
어머니의 몸 업고 보니
가볍다 뜻밖에도 딱딱하다

이제 보니 승하가 장골이네
내 아픈 니를 업고 그때……
어무이, 그 얘기 좀 고만 하소

똥오줌 누고 싶을 때 못 눠
물기 기름기 다 빠진 70년 세월 업으니
내 등이 금방 따뜻해진다

'어머니가 가볍다'란 제목으로 시를 쓴 적이 있습니다. 이 시를 쓴 것도 벌써 여러 해 전입니다. 어머니의 연세를 헤아려봅니다. 1931년 생이시니 올해 일흔넷이로군요. 경북 상주가 고향인 어머니는 해방되던 해인 1945년 초, 20대 1의 경쟁을 뚫고 경성여자사범학교에 들어갔습니다. 경성사범은 전국 각 학교에서 수석한 학생만 원서를 낼 수 있다고 들었습니다. 일본인 학생이 대다수이고 경북 전체에서 딱 4명이 합격했다는 그 어려운 시험에 붙었을 때 어머니 인생은 훤히 트인 대로 같았을 것입니다. 외할아버지는 졸업하면 동경여자사범학교에 보내주겠다고 약속하셨다지요. 8월 15일 해방이 되면서 이 약속은 일단 무산됩니다.

해방 후 학교가 서울사대부속중학교당시는 중학교가 5년제로 바뀌었는데 그 학교에서 어머니는 전교 10등 안에 드셨습니다. 음악과 체육 성적 때문에 반에서 1등은 못 해보았다고요. 서울대 법학과에 들어간 형은 어머니의 머리를 물려받았나 봅니다. 저는 공부도 못했고 사춘기 때 가출을 일삼는 문제아였는데 말입니다.

외할아버지의 국회의원 출마와 낙선은 어머니의 인생을 급전직하, 나락으로 굴러 떨어지게 합니다. 200표 차이로 초대 국회의원 선거에 낙선되어 빚을 많이 지자 학비를 서울로 보낼 수 없게 된 것입니다. 어머니가 장녀가 아니라 장남이었다면 외할아버지는 4학년을 막 마친 자식을 집으로 내려오라고 했을까요. 어머니는 알거지가 된 외할아버지를 대신해 장녀로서의 역할을 다합니다. 경북도내 '준교사 자격시험'에 1등으로 합격해 상주읍내 중앙초등학교의 5학년 담임이 되신 것입니다. 열아홉 살, 친구들이 서울사대부중 졸업반일 때 말입니다.

제2대 국회의원 선거가 행해진 것은 1950년 5월 30일, 압도적인 표 차이로 국회의원이 된 외할아버지는 의기양양하여 등원합니다. 한 달

안에 6·25전쟁이 발발할지, 피난을 못 간 상태에서 한강 인도교가 폭파될지, 인공치하가 된 서울에 있다 납북이 될지, 아내와 일곱 자식이 기아선상에 허덕이게 될지…… 어느 하나도 모른 채 말입니다. 외할아버지는 가요 「단장의 미아리고개」의 노랫말 그대로 철사줄로 두 손 꽁꽁 묶인 채로 뒤돌아보고 또 돌아보며 맨발로 절며 절며 그 고개를 넘어가셨습니다.

경주 근교 양남에서의 피난살이를 끝내고 돌아왔을 때, 외할아버지의 생사 여부를 아는 것이 중요한 일이 아니었습니다. 두 번의 선거를 치르면서 빚만 잔뜩 지고 사라진 외할아버지를 대신해 어머니는 피골이 상접한 여섯 동생의 입에 풀칠을 해주는 것이 급선무였습니다. 그리고 외할아버지가 선거운동을 하면서 주변 사람들에게 진 빚도 갚아야 했습니다. 어머니는 교사생활을 10여 년 하시며 절대적인 궁핍과 절망적인 배고픔의 세월을 견뎌내셨습니다. 큰 동생이 서울공대 건축과에, 작은 동생이 서울대 미대에 들어갔습니다. 초등학교 교사 월급으로는 두 동생 학비를 댈 수 없어 작은 동생이 대학을 고작 1년 다녔을 때 중도 하차케 한 것은 외할아버지가 당신한테 그랬었기에 평생의 한으로 간직하게 됩니다.

어머니는 상주에서 멀지 않은 청리초등학교에서 근무할 무렵 지서 주임으로 있던 아버지를 만나 2년의 연애 끝에 결혼합니다. 어머니는 형과 저, 그리고 막내 선영이를 낳고 단란한 가정을 이루게 되지요. 이

쯤에서 어머니의 고생은 끝났어야 했는데 슬하에 2남 1녀를 둔 지 얼마 되지 않는 시점에 30년 고생이 시작됩니다.

제가 초등학교 2학년 때인가, 부임지 경북 김천에서 경찰복을 벗은 아버지는 어머니가 꾸려가는 가게를 도우며 반실업자의 상태로 살아가게 됩니다. 그 당시 경찰은 참으로 박봉이어서 어머니가 보다못해 초등학교 내 매점에서 시작, 학교 앞에다 문방구점을 내면서 김천에 정착하게 됩니다. 아버지는 포항으로 전근을 가 가족과 1년 동안 헤어져 살게 되었는데 또다시 오지인 영양으로 발령을 받자 경찰직을 그만두게 된 것입니다.

아버지는 어머니가 하시는 가게 일을 돕기는 했지만 도무지 취미에 맞지 않아 인생에 대한 회의가 밀려왔을 것입니다. 거기다 사법고시 패스로 자신의 실패한 생을 보상해주리라 믿었던 큰아들은 법학과를 졸업하고 문학을 하겠다고 국문학과로 편입하고, 작은아들은 고등학교도 안 다니고 수시로 집을 뛰쳐나가고, 막내는 고교시절 내내 공부를 전폐하고 철학책을 끼고 살다가 대학에 들어가도 학교에는 안 가고……. 해소병을 앓아 밤새 기침을 하시는 어머니나의 할머니는 치매 증상을 보이고…….

집안에서 일어나는 이 모든 회오리바람을 잠재우며 30년 동안 거의 하루도 빠짐없이 가게문을 열고서 초등학생들한테 연필과 공책을 판 것은 어머니였습니다. 일주일에 한 번씩 대구의 도매상에 가서 물건을 해

오신 것은 어머니였습니다. 겨울 내내 동상으로 고생하시고, 매일 밤 "아이고 다리야, 아이고 다리야" 신음을 내뱉으며 잠들던 어머니였습니다. 어머니의 사랑을 새삼 느끼고서 이런 시를 써보았습니다.

잠든 어머니의 손을 잡는다
손은 깊은 계곡이다
물 흐르지 않는

내 손은 약손 승하 배는 똥배
배 쓸어주시던 손길 참 부드러웠는데
어머니의 손은 지금 황폐하다
첫사랑을 잃고 서럽게 울었을 때
손수건 꺼내 내 눈물 닦아주셨는데
어머니의 손은 지금 자갈밭이다
30년 동안 공책과 연필을 파신

그 손으로 무친 나물의 맛
그 손으로 때린 회초리의 아픔
이제 곧 동이 터오면
세 번째 수술을 받으시는 날

잠든 어머니의 손을 잡는다

—「어떤 손」전문

    서정주 시인을 키운 것은 8할이 바람이었겠지만 저를 키운 것은 10할이 어머니였습니다. 50년 결혼생활 동안 남편을 대신해 바람막이와 방파제의 역할을 하신 어머니의 얼굴에 깊이 패인 주름살을 저는 사랑합니다. 김천시청 앞 문방구점 '희망사'의 주인, 상주 제2대 국회의원 박성우의 장녀 박두연. 어머니의 여생이 조금은 덜 고통스러워야 할 텐데……. 태풍이 북상하고 있다 합니다. 어머니, 빨리 이 비가 그치면 좋겠습니다.

2004년 6월 20일
소자 승하 올림.

제 30신

지훈문학상 시상식장에 와주신 여러분께

　이 자리에 만장해 계신 여러분! 조지훈 시인을 기려 제정된 지훈문학상을 방금 받은 저는 감사의 마음에 앞서 긴장이 되는 한편 마음의 큰 부담을 느끼게 됩니다. 이번에 수상하게 된 시집 『뼈아픈 별을 찾아서』에는 제목에 '아버지'가 들어가는 시가 5편 실려 있기 때문입니다. 지난 설에 시집을 갖다드렸으니 아버님이 읽어보셨을 테고, 크게 상심하셨으리라 여겨집니다.

　　몸 속에 남아 있는
　　마지막 힘을 모아

눈을 뜨신 아버지
가족 한 번 쳐다보고
천장 한 번 쳐다보고
눈을 감았다가 금방
다시 뜨신다
이 세상 이 순간 이렇게
뜨기는 싫으신 듯

이대로 눈을 감으면
영원한 암흑,
죽음의 세계일 테니
한 번만 더 눈을 뜨자
한 번만, 한 번만 더
한 번만 더 사물을 보자고
자, 한 번만 더 눈을 뜨자고
아버지는 안간힘을 다하고 계신 거다
삶의 마지막 암벽에
지금 매달려 계신 거다

오르고 미끄러지기를

갔다가 되돌아오기를
예닐곱 번
마지막 기운마저 빠지자
눈을 크게 떴다가
감으신 아버지
두 줄기 눈물을
주르르 흘리신 뒤
숨을 멈추셨다
그 몇 방울의 눈물로 나는
아버지의 자식이 된다

—「아버지의 임종을 지키다」 전문

    이 시, 읽었을 터인데 지금껏 아무런 말씀이 없으십니다. 저는 수상 소감을 아버님께 올리는 편지 형식으로 썼습니다. 이 한 편의 서간문을 읽는 것으로 소감을 대신하겠습니다.
    아버님, 요즈음 몸은 좀 어떠신지요? 고질이 된 허리병이 더 심해지지는 않았습니까? 지훈 조동탁 시인의 이름을 기려 만든 지훈상의 문학 부문 수상자로 제가 결정되었다는 소식을 듣고 저는 가장 먼저 아버님을 떠올렸습니다. 아, 김천에 계신 아버님이 이 소식을 듣고 무척 기뻐하시겠구나 하는 생각을 했습니다. 어머님도 물론 기뻐하시겠지만 제가 대학에 취직자리를 얻었을 때도 아버님은 도저히 믿어지지 않는 일이라고 말씀하셨으니까 이번에도 반신반의하며 기뻐하시리라 생각합니다. 저는 그만큼 아버님 속을 썩이고 애를 태운 자식이었습니다.

저는 머리가 마구 세어가는 요즘 들어 더욱 자주, 나한테 아버지가 없었더라면 어떻게 시인이 될 꿈을 가졌으랴 하는 생각을 합니다. 아버님은 저한테 세상살이의 희로애락을 일일이 챙기는 능력을 키워주셨고, 인간 생로병사의 비밀을 골똘히 생각하는 버릇을 길러주셨고, 사물의 본질을 뚫어져라 투시하려고 노력하게끔 이끌었습니다. 고통의 뜻을 알고 싶어서 시를 쓴다는 제 나름의 시론도 아버님이 안 계셨더라면 형성되지 않았을 것입니다.

젊은 시절, 소월의 시를 줄줄 외우고 다니셨다는 아버님, 아버님이 누런 원고지에 쓰신 습작소설의 줄거리를 저는 지금껏 생생하게 기억하고 있습니다. 직업 경관이 되면서 문학의 꿈을 접으셨지만 시인 조지훈의 이름은 아버님도 들어보았을 것입니다. 조지훈 선생은 청록파의 한 사람으로 알려져 있고, 「승무」 「고풍의상」 「완화삼」 등 주옥같은 시를 남긴 시인입니다. 그러나 지훈 선생은 탁월한 문학론을 전개하여 저를 일깨워준 분이었습니다. 지훈 선생의 문학론은 문학의 예술성과 독자성을 강조한 순수문학론, 문학정신의 지향점이 된 민족문학론, 민족문학의 실천적 방법으로 삼은 고전주의적 문학론, 이 세 가지로 집약됩니다. 지훈 선생이 쓰신 글 가운데 이런 구절이 있습니다. "순수시는 경향시에 대한 정통시요. 순수시의 영역은 정치, 종교, 사회, 어디에도 갈 수 있는 무제한이나 다만 시가 되고 예술이 되는 것을 전제로 하는 무제한이다." 이 말씀을 저는 시라는 것이 공리적인 가치나 정치·종교·사회가 추구하는 가치와 완전히 별개일 수는 없다, 그러나 그런 가치를 초월하는 이상적인 가치, 혹은 미적 가치를 지녀야 한다는 뜻으로 받아들였습니다. 지훈 선생의 문학론은 제가 평생을 다해 퍼내야 할 우물 같은 금언이라 생각합니다. 우물 같은 말……. 저는 신춘문예에 당선되고 당선 소감을 다음과 같이 썼었지요.

나는 무엇인가. 나는 무엇을 할 수 있는가. 나는 지금 무엇을 하고 있는가. 내 문자행위의 출발점은 이것이다. 부끄러워 고개 들지 못할 때, 자신을 이겨낼 수 없다는 무력감에 사로잡힐 때, 원고지를 대하는 일은 구원이 아니라 구속이었다. 줄기차게 꾸짖는 200개의 네모난 입들.
——너는 결코 떳떳하지 않아. 너는 벌써 물들어 있어.
필요한 것은 의지였으며 부족한 것은 신념이었다. 몇 차례의 시행착오를 더 겪어야 나도 하나의 성채를 가질 수 있을지. 보다 깊은 우물의 의미와 열려진 세계의 끝을 찾으려는 노력. 명암에 대한 성찰에의 길을 이제 떠나야 한다. 언어로 성취할 수 있는 것이 아무것도 없을지라도 내 정신은 늘 부활을 꿈꿀 것이다. 고통마저 사랑하기 위하여. 이 땅 이 시대의 당신들을 벗삼기 위하여.

"보다 깊은 우물의 의미"는 「용비어천가」에 나오는 "샘이 깊은 물은 가뭄에 아니 그칠 새 내를 이뤄 바다로 가나니" 하는 대목에서 따온 것입니다. 저는 등단 무렵이나 지금이나 보다 깊은 우물을 찾지 못해 헤매고 있고, 저의 방황은 아마 평생토록 계속될 것입니다. 시인의 언어는 비가 좀 안 온다고 금방 고갈되는 시내가 아니오, 며칠 퍼붓는다고 금방 콸콸 흐르는 계곡도 아니오, 아무리 가물어도 마르지 않는 우물 같은 것이어야 한다고 생각합니다.

우물 하니까 생각나는 것이 있습니다. 저는 몇 해 전에 중국에 가서 우물을 본 적이 있습니다. 용정의 윤동주 생가 터에 있는 우물은 너무 깊어서 그의 시 「자화상」에 나오는 그 우물 같지는 않았습니다만 윤동주는 그 인근 어디서 우물을 길어올리며 시상을 떠올렸을 것입니다. 우물이 지하의 세계라면 별은 천상의 세계입니다. 우물은 당연히 차가운 물의 세계이고 별항성은 타오르는 불의 세계입니다. 우물은 한계가 있는 깊이의 세계이고 별은 무한정한 넓이의 세계입니다. 어느 한쪽도 놓쳐서는 안 될 세계이지요. 그리고 둘은 모두 유동의 세계이며 밤에 눈뜨고 있습니다. 깊은 우물은 인간을 살리고, 밤하늘의 별은 길 잃은 자를 인도합니다. 우물물을 퍼올려 마시며 윤동주 시인은 별을 보았을 것입니다. 윤동주의 시 「별 헤는 밤」과 「서시」에도, 지훈 선생의 시 「승무」와 「절정」과 「산상의 노래」에도 나오는 별은 순수함과 영원함을 상징하지요.

우리 육안으로 볼 수 있는 별들 너머에는 얼마나 많은 이름 없는 별들이 빛나고 있을까요. 만유인력에 의해 수축을 거듭하다 폭발하는, 질량이 큰 별을 초신성이라고 한답니다. 그리고 별이 수축하면 거대한 압력이 중심으로 몰리다 마침내 고온의 압축 가스가 터져나오는 격렬한 폭발이 일어나 그 별은 숨지고 만다고 합니다. 수많은 별들은 놀랍게도 숨거두는 그 순간까지 어디론가 빠른 속도로 달려가고 있습니다. 우리가 사는 이 지구를 포함한 태양계가 팽창하고 있고, 태양계를 포함한 은하계가 팽창하고 있고, 은하계를 포함한 이 우주가 팽창하고 있다는 허블의 우주팽창설은 많은 천문학자들에 의해 증명된 것입니다. 제가 별에 관심을 갖게 된 것도 아버님 덕분이었습니다.

저는 앞에서 요즘 들어 자주, 아버지가 없었더라면 어떻게 시인이 될 꿈을 꾸었으랴 하는 생각을 해본다고 했습니다. 그래서 수상 시집이 된 『뼈아픈 별을 찾아서』를 아버님께 헌정한다고 자서에서 말씀드렸었지요. 제목에 '아버지'가 들어가는 시도 다섯 편이나 됩니다. 지난 설에 갖다드린 그 시집, 읽어보셨으리라 생각합니다. 그 시편 속에서 아버님은 알코올 중독자였다가 식물인간이 되셨다가 식솔이 지켜보는 가운데 숨을 거둡니다. 아버님은 술을 간혹 드시긴 했지만 장이 안 좋으셔서 과음을 하면 꼭 배탈이 났었으니 알코올 중독자가 될 턱이 없었습니다. 취하신 모습도 1년에 고작 서너 번, 아주 드물게 볼 수 있을 따름이었습니다. 아버님은 5~6년 전부터 허리가 안 좋아지시긴 했지만 병원에 입원하신 적이 한 번도 없었고, 더더구나 지금 살아 계십니다. 그런데 저는 시를 쓰면서 아버님을 부엌칼을 들고 자기 식솔들을 협박하는 인물로 그렸고, 자발적으로 배설하지 못하는 몸으로 그렸고, 뇌사 상태에 빠뜨렸다가 결국 임종의 순간을 맞이하게 합니다. 아버님이 생존해 계심을 아는 사람들은 저의 사기술에 배신감을 느꼈을지도 모릅니다. 그러나 그 다섯 편의 시는 그 어느 독자보다 아버님께 읽어드리고 싶어서 썼습니다. 아버님은 이 녀석이 제 애비가 뇌졸중으로 식물인간이 되기를 바라서, 또는 어서 빨리 죽기를 바라서 이런 시를 썼다고 생각하시겠지요. 절대로 그렇지 않습니다. 지금부터 그런 시를 쓴 이유에 대해 말씀을 드릴까 합니다.

아버님은 그 시집을 분명 읽으셨을 테지만 제가 1991년에 냈던 『욥의 슬픔을 아시나요』를 읽으셨을 때처럼 격노하지 않고 지금까지 아무 말씀이 없으십니다. 그 시집을 읽으시고는 당장 김천에 내려와 첫 글자부터 끝 글자까지 한 자도 빠뜨리지 말고 다 읽으라고 불호령을 하셨는데 10년 세월이 아버님의 몸에서 기운을 다 뺏어갔나 봅니다. 아버님은 제가 이번에 낸 시집을 읽으시고 '이놈이 그때 그렇게 집을 뛰쳐나가곤 하더니 이제 이런 식으로 복수를 하는구나'라고 생각하지는 않으셨는지요? 아버님, 저는 제가 생각해도 천하에 둘도 없는 불효자식입니다. 이번에 드린 시집을 읽고 많이 괴로워하셨을 테고 서운한 마음도 들었을 테지만 그 시들은 제가 아버님을 이해하려는 지난한 노력의 결과물입니다.

 아버님의 하나밖에 없는 딸 선영이의 영혼이 돌아올 수 없는 세계로 가버린 뒤, 저는 의지처가 없어 1년 넘게 성당에 가서 죽어라 하고 기도를 드렸던 적이 있습니다. 제 기도의 내용은 단 한 가지였습니다. 선영이가 정상으로 돌아오게 해달라는 것이 아니라 아버님을 용서할 수 있는 마음을 갖게 해달라고 저는 빌고 또 빌었습니다. 하느님이 그런 청을 들어주실 분이 아니지요. 그래서 저는 기도하는 마음으로 그런 시를 써야만 했던 것입니다. 이 지구상에 60억의 인간이 살고 있지만 아버님을 용서할 수 있는 사람이 저밖에 없다는 깨달음을 얻는 데 걸린 시간이 17년, 선영이의 몸과 영혼이 분리된 지도 어언 17년이 되었습니다.

 아버님, 제가 등단한 것이 1984년이니 시인이 된 지는 올해로 19년째로 접어듭니다. 아버님도 아시다시피 저는 20년 가까이 시를 써오면서 시집을 일곱 권 냈습니다. 첫 시집부터 지금까지 일관된 세계가 있는지 생각해보았습니다. 시 세계의 변모 양상은 저도 잘 모르겠지만 제가 즐겨 쓴 시어는 분명히 하나 있습니다. 그것은 '별'입니다. 제가 별이란 낱말을 화두로 삼고 살아왔고, 이번 시집의 제목도 이런 식으로 정한 이유가 있지요.

 저는 고교 3년간의 과정을 혼자서 공부해 대학에 들어갔습니다. 그 무렵의 예비고사라는 것은 인문계도 과학의 네 과목물리·화학·생물·지구과학이 다 출제되어 저는 각종 화학 방정식과 물리 공식을 암기하고 문제를 푸느라 골방에서 전전긍긍해야만 했습니다. 혼자서 깨쳐나가는 공부인지라 진도도 안 나가고 싫증도 자주 났지만 지구과학 과목 중 지구의 역사와 천체 부분은 그렇지 않았습니다. 한 문장 한 문장이 감동 그 자체였습니다.

  학자들은 1936년에 큰곰자리에 있는 성운이 집단을 이루어 매초 4만km의 속도로 멀어지고 있는 것을 알아냈습니다. 이 속도는 광속의 7분의 1에 가까운 끔찍한 속도입니다. 이러한 우주팽창설과 동전의 양면을 이루고 있는 G.E. 르메트르의 빅 뱅big bang 이론의 바탕은 우주가 태초에는 하나의 거대한 불덩어리였다는 것입니다. 태초에 거대한 불덩어리였던 물질이 대폭발을 하였고, 그 파편들이 성운을 이루어 무서운 속도로 팽창하고 있는 이 우주의 모습을 상상해보며 저는 전율을 느끼곤 했습니다.

  지구과학 교과서에 설명되어 있는 케플러의 법칙, 허블의 상수常數, 지구의 역사, 혜성의 존재, 별의 생성과 소멸…… 아아, 광대무변한 우주는 이승하란 이름을 갖고 있는 제가 얼마나 미미한 존재인가를 깨닫게 해주는 것이었습니다. 고생대 중 가장 오랜 시대라는 캄브리아기는 5~6억 년 전에 해당되니 태양계의 지극히 작은 혹성, 이 지구의 역사만 하여도 얼마나 유구한 것입니까. 하물며 이 우주의 역사는 앞으로 얼마나 유구할까요. 우주의 시간과 넓이가 이 정도인 것을 알면서도 우리 인간의 삶의 양태란 하루살이처럼 불을 보며 달려드는 꼴이지요. 반드시 죽을 목숨들이 영원히 살 것처럼 서슴없이 자신과 남을 속이는 것은, 지구 생성 이전부터 눈을 시퍼렇게 뜨고 있는 별의 존재를 망각하고 있기 때문입니다.

그리고 이 우주는 얼마나 넓습니까. 은하계만 하여도 300억 개 이상의 별이 있다고 합니다. 은하계의 지름은 약 10만 광년인데 1광년은 태양과 지구 사이 거리의 6만3080배라 하지요. 이 넓은 우주의 한 점 먼지에 불과한 우리 인간은 100년도 못 되는 생을 살면서 부를 축적하기 위해, 명예를 얻기 위해, 쾌락을 맛보기 위해, 온갖 죄악을 다 범합니다. 인류가 저질러온 죄악의 수야말로 이 우주의 별보다도 많을 것입니다. 저는 어릴 때부터 마음이 울적할 때면 별을 보았습니다. 별을 한참 보고 있으면 슬픔이며 설움 같은 것은 점차 사라져 마음이 평안해지고, 계속 보고 있으면 기쁨으로 충만해지는 것이었습니다. 그러나 저는 어린 시절, 아니 스무 살이 될 때까지 별을 통 볼 수 없었습니다. 집이 지하실이다 보니 마음먹고 골목길로 나서지 않는 한 별을 볼 수 없었던 거지요. 그래서 별에 대해 더욱 애착을 갖게 되었던 것이 아닌가 합니다.

아버님은 당신의 생의 이력이 실패와 좌절로 점철되어 왔다고 생각하시곤 자포자기한 모습을 자주 보이셨습니다. 말단 경찰관으로 산골 지서를 전전한 십수 년 세월에 남은 것은 여전히 적수공권이었지요. 아버님이 곧잘 내뱉으신, "이렇게 사느니 이놈의 집구석 불지르고 우리 다 죽어뿌리자"라는 말을 나이 마흔셋이 된 지금 저는 감히 이해한다고 말씀드릴 수 있습니다. 선영이가 스물 네 살 때 저렇게 되자 아버님의 불같은 성격도 조금씩 잦아들어 갔습니다. 거식증과 실어증의 딸을 바라보는 아버님의 눈빛에 측은지심이 실려 있다고 느끼기 시작하면서 아버지를 향한 제 증오심에도 조금씩 측은지심이 실리기 시작했습니다.

아버님의 고함소리보다 더 듣기 괴로웠던 어머님의 오랜 통곡과 선영이의 숨죽인 울음을 피해 저는 지하실 우리 집을 빠져나와 밤의 골목길에서 하늘을 우러러보곤 했습니다. 밤하늘에 흩뿌려져 있는 별은 제게 베토벤 9번 교향곡에 나오는 '환희의 송가'처럼 가슴 벅찬 감동을 안겨주곤 했습니다. 아주 어릴 때에도 그랬었고 지금도 마찬가지입니다. 별은 저에게 큰 힘이 되어주었습니다. 별을 보면서 저는 밀항을 해서라도 이 지옥 같은 집을 떠나리라 생각했었지만 고등학교를 딱 두 달만 다니고 집을 뛰쳐나가 그 뒤 몇 년 동안 사고뭉치가 되었습니다.

집안의 경제 사정이 무척 어려워졌고 저의 대인공포증도 심해져 학원에 다닐 수가 없었습니다. 저는 대입검정고시에 합격하고 나서도 3년 반을 이 도시 저 도시 떠돌며 부모님의 속을 썩이는 악동이었습니다. 다행히 중앙대 문예창작학과에 합격했지만 바로 1년을 휴학했습니다. 불면증과 신경성 위궤양에 관절염까지 겹쳐 대학시절도 투병의 나날이었습니다. 약 없이는 하룻밤도 제대로 못 자는 날이 몇 달 간 이어져 몇 년이 되었고, 구토증세 때문에 밥을 먹다가 호흡을 가누는 날이 비일비재했습니다. 몇 년 동안 바깥출입을 하지 않으면서 생겨난 관절염 때문에 제가 약을 5년이나 먹고 물리치료도 여러 번 받았던 것을 기억하시지요?

아버님, 대학생이 되었을 때 저는 심한 말더듬이로 고통을 받고 있었습니다. 잘 아는 사람 앞에서는 간단한 의사 표시를 하는데 낯선 사람 앞에서는 말을 마구 더듬는 것이었습니다. 그랬기 때문에 대학시절, 발표는 늘 제 몫이었습니다. 이놈의 말더듬이를 고쳐보고자 필사의 노력을 했던 것입니다. 저는 시와 소설을 쓰는 법을 배웠고, 친구도 사귀었고, 명정의 상태도 경험하게 되었습니다. 그런데 대학은 저에게 시 창작 기법만을 가르쳐준 곳이 아닙니다. 1980년을 겪은 대학생치고 '낭만'이란 말의 뜻을 아는 이가 몇이나 될까요. 인간은 낱낱이 떨어져 눈을 빛내는 개별적인 존재가 아니라 사회적 동물이며, 공동체의 일원임을 뼈저리게 알게 한 대학 4년이었습니다. 제 자신의 고통은 동시대인의 아우성 앞에서 아무것도 아니었습니다. 저는 제 고민을 침소봉대했던 것입니다.

윤동주의 시구가 생각납니다. "별을 노래하는 마음으로/ 모든 죽어가는 것을 사랑해야지." 지훈 선생은 이렇게 썼습니다. "세사에 시달려도 번뇌는 별빛이라." 그렇지요. 지구에서 보아서 별은 아름다울 수 있지만 별 스스로는 자기 몸을 태우고 있었던 것입니다. 저 역시 어느 누구와도 똑같이 고통을 겪고 죽음을 맞이할 것이기 때문에 별이란 존재를 더욱 가슴 벅차게 받아들이게 되나 봅니다. 유한하기 때문에 인간은 영원성을 추구해야 하지만, 그래서 영원의 세계에 대한 해답을 갖고 있는 종교를 신봉하기도 하지만, 인간은 또한 사회적 동물입니다. 그 시대 현실 사회의 질곡을 끌어안고서 괴로워할 수밖에 없는 존재인 것입니다. 저는 전세계 폭력과 광기의 양상을 그렸고, 생명이 물건으로 뒤바뀌는 아픈 현실을 고발했습니다.

많이 쓴다고 남들이 욕을 하여도 쓰지 않을 수 없어 썼고, 시가 거칠다고 비난하여도 쓰지 않을 수 없어 썼습니다. 공부가 부족하여 남들이 쓴 시를 지하철을 타고서도 버스 속에서도 읽었습니다. 저는 늘 부족함을 느끼고 있을 따름이었습니다. 중국 송나라의 육유라는 시인은 생애 2만 수의 시를 써 1만 수가 남아 있다고 합니다. 몇 해 전에 중국에서 공식적으로 선정한 10대 시인 중에 그가 들어갔다고 하지요. 문리가 언제 트일지는 모르겠습니다만 그때까지 줄기차게 연구하고, 쓰고, 고치고, 발표하겠습니다. 샘이 깊은 물이라야 가뭄에 아니 마르지 않습니까. 자신을 불살라야만 밤하늘을 빛내는 존재가 되지 않겠습니까. 아버님 앞에서 외람된 말이 되겠지만 저는 제 수명의 10분의 9를 살았는지 100분의 99를 살았는지 알 수 없습니다. 지금 이 순간에도 긴장의 끈을 늦추지 않고서 읽고 쓰겠습니다. 그럼 그 언젠가 사후에 남을 단 한 편의 시는 완성할 수 있지 않겠습니까. 저는 아직 그런 시를 쓰지 못했습니다.

아버님, 저는 아이 둘을 키우면서 아버지를 조금씩 알아가게 되었습니다. 아버님의 생에 대한 절망과 세상에 대한 환멸을 말입니다. 수상의 영광을 누리게 된 오늘, 저는 감히 말할 수 있습니다. 아버님을 용서할 수는 없지만 이해할 수는 있다고. 사랑할 수는 없지만 연민할 수는 있다고. 오늘 제가 누리는 이 기쁨과 영광은 전적으로 아버님의 몫입니다. 고향에 내려가 아버님을 얼른 뵙고 싶습니다.

2002년 6월 15일

소자 승하 올림.

제 31신

아내 혜윤에게

총각 시절에 그대에게 헌정한 시가 한 편 있었지요.

    그대 향해 다가서면 늘 내 마음은 무너져
    바람이 부는 율곡로에서는 휴지와 같이
    비가 내리는 세종로에서는 빗물에 섞여
    어디 멀리 사라지고 싶었다 숨고 싶었다
    그대 이런 나를 몇 번이고 만류하는구나

    각막 이식을 하고 눈뜬 아침

나는 아직도 무슨 바람이 그리 많이 남아

살려고 애쓰는가 조금이라도 더 살려고 하는가

그대 곁을 맴돌며 맴돌며 나직이 불러본다

꽃이여 우리 지금 살아 함께 숨쉬고 있구나

살아야 할 많은 시간 앞에 내가 부끄러워 고개 떨군다

깨어 다가오는 우주여

―「피어 있는 꽃―혜윤에게」 전문

 결혼한 이후에는 '아내에게 바치는 시' 같은 것을 한 편도 쓰지 않았어요. 애정이 식었다고 말해도 할 수 없지만, 시를 대신해 편지 한 통 써 보냅니다.
 그대와 결혼식을 올린 그 추운 겨울날이 생각납니다. 11월 29일, 첫 추위치고는 제법 쌀쌀해 코트라도 입고 싶었지만 신랑양복 위에 그런 방한복을 걸친 수는 없는 노릇, 저는 이빨을 꾹 깨물고서 어서 빨리 결혼식이 끝나기만을 바라며 기나긴 혼례미사를 견디고 있었습니다.
 미안한 말이지만, 그때 저는 그대를 사랑하고 있지는 않았던 듯합니다. 대학 4년을 같이 다녔어도 그대와 저의 거리는 대단히 멀어, 딱 두 번 대화의 시간을 가질 수 있었을 뿐이었습니다. 야학교사 선생님으로서 학과(문예창작학과) 공부는 뒷전이었던 그대와, 시대가 주는 중압감을 문학을 통해 견뎌보고자 한 저와의 거리는 일단 이념상의 거리였기에 좁혀지기가 어려웠습니다. 저는 그대가 들고 다니는 좌파 이론서와 근대사에 관련된 책자, 그리고 노트에 빼곡이 적혀 있는 이론학습의 결과물들을 힐끔힐끔 훔쳐보며 범접할 수 없는 인물이라고 생각했었습니다.

내성적인 성격의 저는 그래도 관심이 가는 그대에게 말을 건네고 싶어했는데 기회는 좀처럼 오지 않았습니다. 그대는 나이까지 한 살 많아 저를 동생 취급했으며, 저는 폐병환자로 오인될 정도로 약골이었습니다. 대학시절 내내 저는 각종 신경성 질환으로 이 약 저 약 상용하고 있던 일종의 약물중독자였지요. 신경안정제와 수면제, 진통제와 감기약 가운데 그 어떤 약이라도 먹지 않고 잠든 날이 없었으니까요. 누이동생은 영혼의 병이 점점 심해져 제가 대학원에 진학한 해에는 병원에 아예 입원을 시켜 버렸고…….

대학 3학년 때이 가을날이었지요. 얼굴도 모른 채 10년 동안 펜팔로 사귄 웬 서울 여학생과 첫 만남을 가진 날이 바로 이별의 날이었습니다. 엄청난 충격과 좌절, 절망……. 저는 그해 겨울방학 때 제 마음을 전할 수 있는 상대를 찾아보기로, 다시 말해 대타를 구해보기로 했습니다. 고향 김천에 내려가 있으면서 그대에게 장문의 편지를 보냈는데 답장을 안 보내주시더군요. 방학 시작 무렵에 편지를 보냈는데 방학이 끝나도록 말입니다. 4학년 봄학기가 시작되어 서울에 온 저는 그대에게 따져 물었지요. 편지를 받았으면 짧게라도 답장이 있어야 하지 않느냐고.

"승하 씨 편지가 너무 심각해서 답장을 못하겠더라. 미안해. 차나 한 잔 사줄게."

저는 학교 앞 찻집에서 쓴 커피 한 잔 얻어 마시는 것으로 답장을 받은 셈쳐야 했습니다. 제 편지의 내용은 시종일관, 앞으로 어떤 글을 쓸 것인가에 관한 토로의 글이었습니다. 즉, 저의 문학관을 펼친 것이었습니다. 그대는 몇 번이고 답장을 쓰려고 해보았지만 심각한 내용으로 쓴 편지에 가벼운 답장을 보낼 수 없어 썼다가 찢고 썼다가 찢고 하다가 방학을 다 보내버렸다고 했습니다.

4학년 여름방학 때였지요. 그 여름에도 몸은 괴롭고 마음은 외로워 또 펜을 들었습니다. 고향 김천에 내려가서 쓴 편지는 우표를 2장 붙여야 할 정도로 장문이었는데 이번에는 제가 읽은 몇 권 역사서적을 바탕으로 전개한 저의 역사의식 토로였습니다. 답장은 이번에도 방학이 끝날 때까지 오지 않는 것이었습니다. 답장이 와야지 제가 또 편지를 쓰고, 또 답장을 받고서 그에 대한 답장을 보내고……. 그래야 뭔가가 이루어질 수 있을 터인데 일단 받아보아야 할 답장이 종내 오지 않으니 이건 뭐 닭 쫓던 개 지붕 쳐다보는 격이라고 할까요? 저는 마지막 학기 개강을 했을 때 그대에게 따져 물었지요. 그대의 답은 지난번과 똑같았습니다. 커피 한 잔 사주는 것으로 답장을 대신하는 그대가 참 야속하더군요. 하지만 대학시절에 저는 그대와 찻집에서 두 번, 몇 시간씩 대화하는 시간을 가질 수 있었습니다. 강의실에서는 본체 만체한 '먼 그대'였던 오혜윤 씨, 그대를 말입니다.

그렇게 두 건의 연애담은 모두 짝사랑을 하다 흐지부지 끝나는 것으로 마무리되었습니다. 저는 졸업식을 2개월 앞둔 시점에 중앙일보 신춘문예에 시가 당선되었다는 소식을 들었고, 시상식 다음날 머리를 빡빡 깎고 훈련소에 입소했습니다. 보충역방위으로 병역의무를 필하고 대학원에 진학을 했는데, 학과 교수님이 조교를 하라고 하여 흑석동 캠퍼스와 안성 캠퍼스를 오르내리며 바쁜 나날을 보내게 되었습니다.

아마도 1985년 가을이었을 겁니다. 지금은 세상에 없는 박형희 군을 흑석동 캠퍼스에서 우연히 만나 연못시장에 국수를 사먹으러 갔지요. 졸업한 동기생에 대한 소식을 서로 전하는 과정에서 그대 이름을 형희 군이 말하는 것이었습니다. 귀가 번쩍 뜨이더군요. 그런데 전해진 소식은 그대가 그해를 넘기지 않고 결혼을 할 거라는 것이었습니다. 뒷날 만난 다른 친구도 그대의 결혼을 운위하더군요. 왠지 서운하고 야속하다는 생각이 들었습니다.

'은근히 마음에 두고 있었는데 결혼을 하는구먼. 결혼식장에 가줘야 하나 말아야 하나.'

한두 주 뒤였나요. 제 근무처인 안성 캠퍼스 학과사무실로 전화가 왔습니다.

"승하, 나야 혜윤이. 한번 볼까 우리."

청첩장을 우편으로 보내기가 뭐해서 직접 전해주려나 보다고 생각했는데 웬걸, 그대는 "우리한테는 가능성이 전혀 없는 것일까" 운운하는 것이 아닙니까. 그대가 1년 가까이 사귄 사람은 학교재벌의 아들로서 깍듯한 매너, 건강한 신체, 미남에다 호남……. 어느 모로 보나 한 명 신랑감으로 나무랄 데 없는 사람이었다고 했습니다. 그런데 그 사람과의 교제가 계속될수록 창백한 얼굴의 시인, 가난하기 짝이 없는 집안, 대학원 재학생, '연애하기'를 편지로밖에 할 줄 모르는 숙맥……. 양쪽 집안 어른들의 허락은 이미 떨어졌고, 혼담이 무르익어 결혼식 날짜가 어떠니 폐물이 어쩌니 하는 이야기가 오갈 때마다 이승하란 인간이 자꾸 생각나더라고요? 그대는 '그 사람을 내가 구해줘야 하지 않나?' 하며 고민하다 전화를 했다는 것이었습니다.

저는 그때 대학원 석사과정 재학생이었고, 집에서는 단돈 100만원도 결혼식 비용으로 건네줄 형편이 아니었으며, 제 자신은 땡전 한푼도 없었습니다. 결혼은 꿈도 꿀 수 없는 상황이었기에 저는 그대의 가능성 운운을 일축하며 완강하게 거부했었습니다. 그대의 집요한(?) 회유는 '열 번 찍어 안 넘어가는 나무가 없다'는 우리 속담 그대로였습니다. 저의 거부 의사 표시에도 불구하고 그대는 그 사람과는 파혼을 했으며, 저와의 결혼식 준비를 시작했습니다.

저는 정말 바보같이 양가 부모의 상견례부터 결혼에 이르는 동안의 각종 연락과 예약, 준비와 실행에 있어 한 가지도 한 것이 없이 먼산 불

보듯이 하고 있었으니 그날의 결혼식 또한 그야말로 좌불안석이었던 것이지요. 동생의 발병으로 말미암은 고통 때문에 불면증이 심해져 일주일에 두세 번은 밤을 꼴딱 새우는 저를 보다 못해 그대는 결혼을 강행해서라도 저를 구해주고자 했던 것이었지, 무슨 사랑이 넘쳐서 결혼한 것이 아니었습니다. 아니, 그것이 사랑이 아니었다고 말해서는 안 되겠지요.

그대 어머니는 그때 이렇게 말했다지요. "평양감사도 제 싫다면 할 수 없다고, 네가 일년 동안 주말마다 데이트를 하며 사귄 그 남자와 이제 와서 결혼을 하지 않겠다니, 내 반대를 하진 않겠다. 하지만 이승하란 사람과는 절대로 결혼하지 말아라. 시인이라잖니. 몸은 그래 약하고, 게다가 아직 학생이고."

어쨌거나 그대 나이 스물여덟, 제 나이 스물일곱에 우리는 흑석동 명수대성당에서 혼례미사를 올림으로써 부부가 되었습니다.

그대의 나이 어느덧 40대 중반, 새치가 하나둘 나기 시작하고 있지요. 10년이나 그대를 괴롭힌 요통이 요가로 겨우 다스려질 무렵, 사시사철 감기로 고생하던 아이는 우리의 업보가 되었지요. 생후 한 달여 만에 탈장이 되었다가 전신마취 수술로 소생한 아이는 초등학교 2학년이 될 때까지 사시사철 감기로 고생하였고, 중이염에 비염에 농가진에…… 감기 때문에 줄기차게 복용한 항생제가 아이에게 아토피성 피부염을 선사한 것일까요? 아아, 정말 끔찍한 현대병입니다. 우리 식탁에서 일단 고기류와 튀김류와 밀가루음식이 사라졌지요. 아이로 말미암아 갖은 고생을 다하고 있는 그대에게 저는 따뜻한 말 한마디 건넨 적이 없었어요. 백방으로 수소문하여 약을 구하고 온갖 요법을 다 쓰면서 그대, 때로는 눈물을 보이고 때로는 절망하여 넋을 놓을 때, 저는 시인이랍시고 대학교수랍시고 내 일에 바빠 그대에게 소홀히 대했던 것이 사실입니다. 미안하구려.

결혼 후, 이 약 저 약 진통제를 숨겨놓고 먹다 그대에게 들켜 싸우기도 참 많이 싸웠지요. 아마도 제가 약물에서 해방이 된 것은 결혼 후 5~6년 정도의 세월이 흐르고 나서였을 것입니다. 결혼 후에도 불면증을 치료하고자 병원에도 한참을 다니고 한증요법, 전기장판요법 등 온갖 방법을 다 써보고……. 좀처럼 낫지를 않더니 아이의 성장과 함께 조금씩 나아갔으니, 이 모든 것 당신 덕분이라오. 그대에게 '고맙다'는 말을 전하오.

그대의 정성이 이 사람의 병을 낫게 하였으니 우리 아이도 언젠가 저 병을 떨치고서 건강한 신체로 살아갈 수 있겠지요. 살아가는 일이 참 팍팍하지만 그대가 있어 용기를 얻었고, 절망의 나락에 떨어져서도 희망을 꿈꾸었소. 이 세상의 어머니는 참 강하다 하지 않소. 요즘 들어 자주 낙심하는 그대 모습을 보니 안타깝구려. 용기를 냅시다. 그대의 사랑으로 나는 결혼한 그 날 이후 지금까지 행복하였소.

제 32신

어머니의 부고를 뒤늦게 전하면서

 제 어머니는 2007년 2월 19일에 돌아가셨습니다. 돌아가신 날이 설 다음날, 즉 설 명절 연휴의 끝 날이라 부고를 전하기가 저어되었습니다. 명절을 쇠고 서울로 올라가는 중일 텐데 부고를 듣고 김천의 장례식장으로 가야 하나 말아야 하나 고민이 되었을 터, 그래서 학교에만 부고를 전하고 문단에는 한 사람한테도 연락을 하지 않았습니다.
 어머니는 암세포가 췌장에서 폐로 간으로 전이되어 손쓸 수가 없었습니다. 향년 77세. 그리 오래 사신 것은 아니지만 어머니의 생은 고난으로 점철되었기에 편한 세상으로 가신 것이라고 애써 제 자신을 위로했습니다.

경북 상주가 고향인 어머니는 일제 강점기 말기에 경성여자사범학교에 들어간 재원이었습니다. 1948년에 행해진 초대 국회의원 선거에 떨어진 외할아버지는 딸의 학비를 댈 수 없다고 선포하면서 학업을 중단시켰는데, 그때부터 어머니의 고난은 시작되었을 것입니다. 1950년 4월 30일에 행해진 제2대 국회의원에 당선된 외할아버지는 서울에 있다가 6·25를 맞이하였고, 이웃사람의 고발로 북으로 끌려가셨습니다. 선거자금을 댔다면서 빚을 갚으라고 몰려온 채권자들에게 재산을 다 내준 어머니는 처녀 가장으로서 외할머니와 여섯 동생의 학비를 벌기 위해 교사생활을 시작했습니다. 졸업장은 없었지만 시험을 치러 준교사 자격증을 딴 덕분이었습니다.

궁핍의 정도는 말 그대로 극빈이었습니다. 아침을 먹으면 점심 끼니를 때울 방도가 없는. 서울대 공대와 미대에 들어간 두 남동생이 3학년, 2학년으로 올라갈 등록금을 마련해주지 못한 것은 어머니 평생의 한으로 남습니다. 궁핍은 시골 경찰서 경관이었던 남자와의 결혼으로는 벗어날 수가 없었습니다. 그나마 남편은 어느 날 경찰복을 벗고 실업자가 되고 말았습니다. 김천중앙초등학교 앞 문방구점 희망사의 문을 연 어머니는 30년 동안 어린 학생들을 손님으로 맞이하면서 공책과 연필을 팔았습니다. 처음에는 연탄 난로를, 나중에는 석유 난로를 피우면서 겨울을 났는데, 겨울마다 동상으로 고생하신 어머니를 기억합니다. 저녁이면 다리가 퉁퉁 부어 "아이고 다리야, 아이고 다리야" 신음을 내뱉다 잠자리에 드시던 어머니를 또한 기억합니다.

  슬하의 세 자식이 어머니의 마음을 편케 해드렸을까요. 장남은 서울대 법학과에 들어갔지만 사법고시 1차 시험 합격 후, 문학도의 길을 걸어갔습니다. 장남이 법조인이 되지 않고 문학을 하겠다고 하자 아버지는 긴 세월을 광기에 사로잡혀 살아갑니다. 차남인 승하란 놈은 고등학교를 두 달 다니고 집을 뛰쳐나가더니 4년 동안 학생이 아닌 신분으로 살아가면서 속을 썩힙니다. 잠을 못 이루는 병을 얻어 대학교에 입학하고서도 1년을 휴학한 끝에 다니는데, 대학생이 되어서도 계속 문제를 일으키는 골칫덩어리였습니다. 딸인 막내는 1985년에 병원에 입원한 이후 하루도 어머니의 마음을 편하게 해주지 않는 환자로서의 삶을 살아갑니다.

  어머니는 10대 후반까지는 행복했을 것입니다. 민족 전체가 식민지의 삶을 살아갔던 시대였으니 그 성장기도 그다지 행복하지 않았을지 모르지만. 하지만 20대로 들어서면서부터는 고생이란 것을 '지지리' 하다 가셨습니다. 어머니는 평생토록 몸의 어느 한 곳은 반드시 편찮으셨지요. 하지만 아침이면 가게문을 열고 밤늦게 문을 닫는 삶을 정확히 30년 동안 꾸려갔습니다.

  영구차를 타고 화장터로 가면서 마음의 슬픔, 몸의 아픔이 없는 곳으로 가게 되었으니 잘된 일이라고 마음속으로 부르짖었으니……. 관이

화구 속으로 들어간 이후 시간을 보내면서 화장장의 하늘을 보았습니다. 처음에는 연기가 꽤 거무튀튀했는데 나중에는 하얀 색으로 변해 가는 것이었습니다. 몸을 이루고 있던 살과 수분이 연기로 사라지는 광경은 장엄했습니다. 내 손과 팔다리, 가슴도 언젠가 저렇듯 연기가 되어 사라질 것입니다. 화장은 한 시간 남짓 만에 끝났습니다. 쇠침대를 끌어냈을 때, 아! 어머니는 내 눈앞에 하얀 뼈만으로 존재해 있었습니다. 가장 위쪽에 있는 둥근 바가지 하나, 바로 해골이었습니다. 팔뼈와 다리뼈, 그리고 골반뼈를 보았습니다.

    화장장 화구 앞에 식구들이 둘러섰다
    쇠침대가 나온다
    관도 염포도 수의도 사라지고
    얼굴도 가슴도 손도 발도
    사라지고 없다 아, 몸이 없다

    발굴된 미라 같지만 수천 년을 건딘 것이 아니다
    한 시간 만에 남은 것이라곤
    팔과 다리의 뼈, 골반뼈
    제일 위쪽에 둥그렇게 놓여 있는
    해골바가지로 변한 어머니 얼굴

손…… 파를 썰거나 고기를 다지거나
도마 칼질하는 소리에 잠에서 깨어났었는데
입…… 듣기 싫었던 꾸지람 소리
눈…… 돋보기 속에 담긴 눈웃음
맥주 반잔에 발개지던 양볼……

저 골반뼈 속에는 생애 내내 자궁이
그 자궁에 10개월은 내가 들어 있었을 터
화장터 인부가 빗자루를 들고
쇠로 만든 쓰레받기에 뼈 쓸어 담는다
빗자루 끝에서 하얀 먼지가 인다

―「뼈」전문

어머니의 팔과 다리는 여염집 여자의 팔다리가 아니었습니다. 공장 노동자 이상으로 굵었습니다. 저는 장사에 여념 없던 어머니에게서 포근한 모성을 별로 느껴보지 못했습니다. 하지만 굵은 팔다리는 날씬한 여인의 팔다리보다 훨씬 아름다웠습니다. 그런데 제 눈앞에 그 굵은 팔다리는 보이지 않고 하얀 뼈마디만 놓여 있는 것이었습니다. 태아인 저를 감싸안고서 보호해주었던 골반뼈는 왜 그리 작게 보이는지……. 화장장의 화부 아저씨는 하루 평균 몇 구의 시체를 처리하는 것일까요. 시종 아무 표정이 없었습니다. 어머니의 유골은 쇠로 만든 커다란 쓰레받기에 쓸어 담겼습니다. 분쇄기에 넣고 돌리니 어머니의 뼈가 금방 가루로 변하는 것이었습니다. 20년 전, 친구 박형희의 유골은 사람이 손으로 빻았는데……. 따뜻한 유골함을 받아 안았습니다. 함을 꼭 껴안았습니다. 생각해보니 저는 어머니를 꼭 껴안아본 적이 없었습니다. 어머니가 너무너무 보고 싶은 날입니다.

제 33신

인간에 대한 환멸에서 사랑으로 가는 길

독자 여러분, 안녕하십니까?

저는 시인입니다. 제 직업이 대학에서 학생들을 가르치는 것입니다만 그건 어디까지나 직업일 뿐이고 저는 등단을 한 1984년 1월 1일 이후 지금까지 시인이었고 앞으로도 죽는 날까지 시인일 것입니다. 한때 열심히 소설을 썼던 적도 있었고 간혹 수필이며 평론을 발표하기도 하지만 그건 제게 있어 외도일 뿐, 저는 늘 시인의 길을 가고 있다고 생각합니다. 저는 이제껏 낸 7권의 시집에서 각각 2편의 시를 뽑아내 제 시적 행보의 궤적을 스스로 더듬어보는 시간을 갖고자 합니다. 시의 전문을 인용하면 그것만으로도 지면이 다 찰 테니까 부분 인용을 하고 부연 설명을 하겠습니다.

　저는 등단작품이 1984년 중앙일보 신춘문예 당선작인 「화가 뭉크와 함께」입니다. 신춘문예란 심사위원의 취향과 경쟁자의 숫자 등 운이 많이 작용하는데 그 작품은 그야말로 운이 좋아 당선된 것이라고 저는 지금까지도 생각하고 있습니다. 하지만 그 작품은 단지 등단작이기 때문이 아니라 여러 가지 면에서 제 시의 출발점입니다. 이 시는 서정시가 아니라는 점, 말더듬이의 화법을 사용한 점, 역사의 한 페이지를 시로써 그렸다는 점 등을 특징으로 꼽을 수 있을 것입니다. 저는 시인으로서 출발점에 서 있을 때 이미 자아와 세계의 동일화를 꿈꾸는 서정시인이 될 수 없음을, 그와 동시에 자아와 세계의 불화를 그리는 서사구조에 천착하는 '이야기시'를 주로 쓸 것이라는 예감을 가졌더랬습니다. 저는 자연에 제 감정을 투사할 수도 없었고, 진선미의 경지를 노래할 수도 없었습니다. 후천적으로 얻은 말더듬이로 무진장 고생하며 몇 년 세월을 보내는 동안 세상이 그다지 아름답지 않고 힘들기만 한 것을 알게 되었으니까요.

　검정고시 합격 이후 4년 반과 대학 4년, 정확히 8년 반 동안 안정제 계통의 약에 찌들어 살아가면서 저는 세계의 아름다움이 아니라 아픔을 시로써 노래해야 한다는 사명감에 젖어 있었습니다. 월남전 종전 이후 공산주의 체제에서 살지 않으려고 일엽편주에 몸을 싣고 바다로 나가서 난민이 된 수많은 베트남인들을 그린 이 시를 저는 20세기에 태어나 학살로 죽은 수많은 사람들에 대한 조사라고 생각하고 있습니다. 시라는 것이 독자의 마음을 적셔주는 서정성을 지니지 않을 때, 무미건조해지거나 아주 거칠어지기 쉽습니다. 저는 폭력이 차고 넘치는 이 무시무시한 세계를 제대로 읽고, 인간의 아픔을 느끼고, 그것을 시로 쓰는 작업에 평생을 바치리라고 등단을 한 그 시기에 결심을 했습니다. 그런 뜻에서 등단작은 제 운명을 결정지은 작품입니다. 제가 왜 그런 비극적 세계관에 사로잡혀 있었는지 설명하기란 쉽지 않습니다. 그 이유를 밝히는 대신 제1시집에서 다른 한 편의 시를 가져와 일부 인용하고 제2시집으로 넘어갈까 합니다.

　　우리가 좀더 자라면, 우리가 훗날 부모가 되면
　　우리를 낳아주신 두 분을 이해할 수 있을까 누이야, 그런 날이 올까
　　어려운 시절이구나 너나 나나 아직 어려 이 시절이 왜 어려운지 모르고
　　눈뜨고 있을 때 내 눈은 늘 겁에 질려 있지 잠이 들면 나쁜 꿈
　　늘 누군가에게 발길질 당하고 있지 퍽퍽 두들겨 맞고 있지
　　잘못했어요 제발 때리지 말아요 다시는 울지 않을게요
　　너처럼 용서도 빌지 않고 다만 이 악문 채 맞고 있지 눈물 철철 흘리며
　　몸을 한껏 움츠려 얼굴을 두 팔로 감싸라 그래야 흉터가 안 생겨

네가 잘못한 것은 울고 싶을 때 운 것뿐 그러니 빌지 말아
어려운 시절이구나 이 세상에 사랑하는 것보다 더 힘든 일이 있다면
무릎걸음으로 오빠에게 다가와 귓속말로 얘기해주지 않으련 누이야
기다려야 한다 그날도 다름없이 어머니는 오래 통곡하시고
엎어진 밥상 흩어진 밥알들이 깔깔 웃었지

—「동화」부분

저의 두 번째 시집『우리들의 유토피아』는 실은 제일 먼저 내고 싶었던 시집입니다. 신춘문예 심사를 하셨던 황동규 선생한테 찾아가 원고뭉치를 내밀며 문학과지성사에서 시집을 내고 싶다고 부탁을 드렸더니 난색을 표하는 것이었습니다. 현실을 풍자하고 비판한 시집 내용이 그분 취향에 영 맞지 않았기 때문입니다. 그런데 저는 한 권 분량의 원고를 더 갖고 있었고, 그것을 보여드렸더니 흔쾌히 내자고 하시며 해설도 써주시는 것이었습니다. 등단작은 사실『우리들의 유토피아』에 들어갈 성격의 시여서 제1시집에서 뺐었는데 문학과지성사의 사장으로 계셨던 김병익 선생이 등단작이 좋은데 왜 뺐냐고 하셔서 추가로 들어가게 되었습니다. 제1시집에서 성격이 영 맞지 않는 시가 바로 등단작입니다.

두 번째 시집은 김지하의『오적五賊』과 신동엽의『금강錦江』외에, 신경림·고은·정희성·하종오·고정희 등이 쓴, 현실문제에 대한 적극적

인 참여의식의 결과물들을 관심을 갖고 읽던 제 대학시절에 썼던 시편을 모은 것입니다. 거칠기 짝이 없는 시들이라 지금 읽어보면 낯이 화끈거립니다.

    선전 포고도 없이
    야만의 날들이 진군해 오고 있다 지상의 남은 빛이
    일시에 사라지는 야만의 밤 까막눈의 밤 우후죽순같이
    바라크들이 들판에 세워지고 망루의 탐조등
    결국 세계는 감시하는 사람과 감시당하는 사람으로 분리될까
    이윽고 하늘을 뒤흔드는 전폭기 폭력에 대한 폭력적 반동 혹은
    非폭력에 대한 폭력적 반동 저공 비행 속도를 죽인 마하의
    전폭기 눈 깜짝할 사이 무차별의 폭력 조명탄으로 밝아지는 지상
    연기 기둥과 화염에 싸이는 나의 집 내 직장을
    예감한다 무자비의 폭격 어느 날 모든 사람들이 일시에
    표정을 잃게 되어도 나의 귀에는 오직
    신음 신음 숨 넘어가는 소리
    귀를 틀어막아도 나의 귀에는 오직
    무거운 발소리 발소리 형장으로 향하는 발소리

                              —「폭력과 비폭력」 부분

....

"왕자님이 전사하셨다. 개나 고양이까지 살려두지 말라!"

칭기즈칸의 툴루이 부대가 행한 메르프 학살

13세기 초

부녀자 포함 70만 명 주살

....

"대역죄인들을 참하라!"

명나라 홍무제의 3차 숙청

14세기 말

1차 : 1만 5000, 2차 : 3만 胡黨之獄, 3차 : 1만 5000

....

"위그노캘뱅派는 죄 끌어내 죽여라!"

聖바르돌로뮤의 대학살

1572년 8월 24일

구교도에 의한 신교도 5만 명 주살

....

"인디언은 인간이 아니다. 노소를 가리지 말라!"

인디언 사냥과 아메리카 건국사

100만→(학살, 멸족……보호 구역에 감금)→50만 명북미

20만→(20년 후)→1만 4000→(30년 후)→200명산토도밍고

....

―「세계사」 부분

　그 무렵 제 뇌리를 꽉 채우고 있던 화두는 이 세계에 억울한 죽음이 너무너무 많다는 것이었습니다. 세계사 책을 펼쳐보아도, 매일 아침 신문을 보아도, 우리 근·현대사를 읽어보아도 어쩜 그렇게 대량 살상이 많은지……. 저는 그때 따뜻한 시가 아닌 차가운 시를, 고운 시가 아닌 거친 시를, 아름다운 시가 아닌 험악한 시를 주로 썼습니다. 주변의 젊은 시인들이 '신서정' 그룹으로 평가를 받을 때 저는 외곬으로 이런 세계를 파고들었습니다. 제 내면의 고통을 보여주려 한 것이 아니라 인류의 고통을 함께 지려는 무모한 시도를 했던 것이지요. 그런 저의 작업에 관심을 가져주는 평론가나 독자가 없었지만 저는 인류 역사의 어두운 면을 한동안 열심히 시로 옮겼습니다.

　제3시집을 준비할 무렵에 가서 저는 왜 하필이면 이런 문제에 이렇게 사로잡히게 되었는가를 점검해보기로 했습니다. 그 근저에는 제 두 살 밑의 누이동생이 있었습니다. 『욥의 슬픔을 아시나요』에는 제 부끄러운 성장기와 가족사가 나옵니다. 일제 강점기와 6·25전쟁, 4·19혁명 등 우리 민족사의 진통이 한 가족과 그 가족 성원 각자에게 어떤 형벌을 내렸는지 저는 시를 통해 이야기하고자 했습니다.

손꼽아 기다린 날 어린 날의 설날 아침
누이는 설빔을 입고 방구석에 오도카니 앉아 발갛게
한 자루 촛불로 떨고 있었다 먼 곳에서 밀물처럼
몰려온 친척들 썰물처럼 떠날 때까지 한마디 말이 없던

수줍음 많은 누이, 어둠의 심연으로 왜 숨고 말았을까
왜 숨쉬고들 있을까 내 철없이 죽음을 실험하려 했을 때
―작은오빠, 다시 집 나가더라도 자살은 하지 마
약 빼앗아 품에 넣고 한사코 안 주더니 회복 불가능한
수동형의 삶을 내처 살고 싶었던 게지 스물세 살부터

두 눈의 초점을 잃어갔다 심야에 부나방처럼 돌아다니고
창문에다 쾅쾅 담요를 치고, 식사 도중에 저 혼자서
킥킥 웃기도 하고 퉁퉁 부은 눈으로 일어나기도 하고
고려대 부근 아무개 신경정신과 부근
―가족이라도 3개월이 지나야 만날 수 있습니다

―「병든 아이」 부분

우리 사이의 안 보이는 금, 아직
세계는 전모를 드러내지 않고 있어, 아직

욕망의 역사를 움직이는 것은 惡이란다

모든 죽음은 언제나 타인의 죽음

모든 고통은 언제나 자신의 고통이란다

우리 둘의 거리는 불과 1미터

DMZ 너머보다 멀게 느껴진다

무엇이 우리를 가로막고 있기에……

아, 하늘이 없다

잘 있거라

몇 권의 책을 놓고

나는 다시 한낮의

저 어두운 거리로

맨몸으로 돌아가야 한다

등뒤에서 닫히는 문

—「면회」부분

  때로는 직설적으로, 때로는 우회적으로 저는 제가 이런 어두운 세계에 한사코 매달려온 이유를 설명해보았습니다. 아니, 자문해보았습니다. 왜 나는 좀더 밝은 세계를 노래하지 못하느냐고.
  스승이신 구상 시인은 인간은 누구나 자신의 십자가를 지고 걸어갈 수밖에 없다는 말씀을 하셨습니다. 예수는 예수의 십자가를 지셨고, 베드로는 베드로의 십자가를, 유다는 유다의 십자가를 졌던 것입니다. 우리 각자도 무거운 십자가를 지고 골고타의 언덕을 걸어가는 존재이므로 랭보의 말마따나 상처 없는 영혼은 없습니다. 제아무리 부귀영화를 누리는 사람일지라도 생로병사의 고통에서 벗어날 수가 없는 것이지요. 슬픔과 아픔의 세계에 대한 저의 관심은 수그러질 줄 몰랐습니다.

네 번째 시집『폭력과 광기의 나날』은 제목 그대로 '폭력'과 '광기'의 현실에 대한 제 관심이 투영된 시집입니다. 여타 시집에서 그린 폭력과 광기는 역사적인 문맥 속에서의 폭력과 광기였습니다만 이 시집에서는 20세기 이 세계에서의 폭력과 광기를 그렸습니다. 시사적인 사진과 그림 42컷이 동원되었습니다만 사진이 들어가지 않은 시를 2편 소개해 드리겠습니다.

기웅이와 함께 삼촌을 따라간 봄날…… 맑은 공기…… 깊은 숲 속이었다…… 여기가 좋겠어…… 동네 청년들은 잠시 앉아 땀을 훔쳤다…… 삼촌이 시작하자고 외쳤다…… 날씨 화창한 그날, 울창한 나무 사이로 쏟아지는 몇 줄기 무심한 햇살…… 신이 나서 껑충껑충 뛰던 누렁이를 삼촌이 한 청년의 도움으로 자루에 집어넣었다…… 어어, 누렁이를 왜…… 나무에 매달아놓은 자루를 청년 둘이서 몽둥이로 패기 시작했다…… 깨갱 깽깽 깨갱 깽깽깽…… 비명이 숲에 울려퍼지고……누군가의 륙색에서 솥이 나왔고, 큰 물통도 나왔다…… 솥이 걸리고…… 삼촌, 누렁이가 뭐 잘못했어?…… 저래야 고기가 연해지는 거야…… 퍽퍽 쉴 새없는 몽둥이질…… 깨갱 깽깽 깨갱 깽깽
―「상황 6」부분

그 감옥에서 그대
몇 번을 기도했는지 기억하지는 못하리
죽게 될 날을 기다리며
아니, 그래도 풀려날 기적을 간구하며

무슨 축복인 양 중심이었던 그 사람
총각으로 죽은 나사렛의 한 젊은이
예수의 이름에 배어 있는 피의 의미를
기도하는 도중에라도 깨달았다면
디트리히 본회퍼
그대 죽기 전에 이미 구원받았을 사람이네
―「본회퍼의 혼에게 띄우는 편지」부분

시가 여간 난폭하지 않지요? 비명이 들리고 피가 보일 것입니다. 제 마음 깊숙한 곳에서는 분명히 서정의 강이 흐르고 있음에도 불구하고

저는 제 기억 속에 있는 폭력 상황과, 세계 곳곳에서의 폭력 상황을 시로 묘사했습니다. 설사 누가 제가 쓴 이런 시를 시 같지 않다고 비난을 해도 저는 대꾸를 못했을 것입니다. 저는 그저 제가 가장 쓰고 싶었던 시를 그 무렵에 썼습니다. 폭력이 광기를 낳는 현실과, 광기가 폭력을 부르는 현실에 가슴아파하면서 말입니다. 이런 저의 작업은 『폭력과 광기의 나날』을 정점으로 수그러듭니다. 너무 자학적이어서 그럴까요, 시를 쓰는 것 자체가 힘들고 괴로워 견딜 수가 없었습니다. 그래서 저는 제가 만 15세의 나이로 출분(出奔)한 이후 세 번을 더 버렸던 고향 이야기를 해보기로 했습니다.

　　가다가 또 멈추면 쉬었다 가면 되지만
　　이 밤이 언제 끝나려나 잠도 쉬 오지 않아
　　5등 열차 5등 인생만 싣고 달리는 완행 열차
　　김천-대신-아포-구미-사곡-약목-왜관-연화-신동-지천-대구

　　구린내 찌린내 젓갈 냄새 막장 냄새
　　청처짐한 우리네 삶을 싣고 흔들리며
　　산나물 인절미 고추 장수 미역 장수 한 소쿠리 한 보따리
　　다 팔아야 몇 푼 될까 젖은 꿈을 담고 흔들리며

　　　　　　　　　　　　　　　　　　―「완행열차의 추억」부분

고향에 내려오면 꼭 밤이다

빚더미에 깔리고 만 중학교 때 친구 태호

농어민 후계자의 자살 소식을 듣는 밤이다

농사짓다 장가 못 간 육촌형 운하

서른일곱 노총각의 유서를 읽는 밤이다

과수원 하다 암에 걸린 외삼촌 영준

농약병의 절망과 마주한 밤이다

고향을 지켜온 죄로 죽은 사람들이다

내 고향에 내려올 때마다 아는 이들 중

누군가 꼭 한 사람은 죽어 있고

나는 그저 내 시에나 미안할 따름

죽음을 기다리며 살아가는 것이

삶이거늘…… 자살한 태호야

살아 있는 한 살아보려는 것이

삶이거늘…… 자살하신 운하 형님

죽음을 망각한 채 살아가는 것이

삶이거늘…… 병사하신 준이 삼촌

고향을 지켜온 죄로 죽은 사람들아

여기에 당신들의 이름이나마 기록한다

—「고향에 내려와서 2」 전문

다섯 번째 시집『박수를 찾아서』에는 우리 전통예술과 문화에 대한 저의 관심이 투영되어 있습니다. 나라의 인정을 받은 인간문화재와 소외된 전통예술 계승자들을 연구하면서 쓴 시들이 이 시집에 많이 포함되어 있습니다. 하지만 제게 큰 의미가 있는 시들은 일종의 '고향 찾기' 시편입니다. 원망 가득한 시선으로 바라보았던 고향을 조금은 따뜻한 마음으로 인식하고자 저는 그 시집에서 여러 편에 걸쳐 고향 이야기를 했습니다. 그곳은 제 가족과 친척, 성장기 때의 친구들, 은사님들이 사는 곳이었습니다. 그리고 가난하고 못 배운 제 이웃이 사는 곳이기도 했습니다. 저는 고향 이야기를 하면서 조금씩 마음의 안정을 찾게 되었습니다. 고질인 불면증도 이 무렵부터 조금씩 나아가기 시작했습니다. 직장생활에도 적응을 해나갔고, 상사의 배려로 박사과정에 들어가서 공부도 할 수 있었습니다.

제6시집의 제목은『생명에서 물건으로』인데 이 시집을 낼 준비를 하는 기간에 저는 생태 환경 문제에 많은 관심을 가지고 있었습니다. 인류의 앞날을 위협하는 핵과 공해, 자연 파괴와 문명의 횡포에 대해 많은 관심을 갖고 이런저런 시를 썼습니다. 그런데 그 시집에는 제가 그동안 까맣게 잊고 있던 '모성'이라는 존재를 부각시키려 쓴 시가 여러 편 있습니다. 지독히도 고생을 많이 하신 어머니를 저는 오랜 세월 잊고 있었습니다. 저를 이 세상에 있게 하신 어머니였는데 말입니다. 앞

시의 어머니는 제 어머니이고 뒤 시의 어머니는 성모 마리아입니다.

    34년 전 난세포 하나로 저를 잉태하고
    오늘 자궁을 들어내신 나의 어머니
    한쪽 가슴 이미 없으시니
    그대 여성으로서의 몫은 다하신 것이지요

    그날 1960년 4월 18일
    한나절 꼬박 통증으로 눈물 흘리며
    생명이라는 우주를 이 우주에 내보내신
    당신을 다시 한 번 불러봅니다
    "어머니—"라고

                                —「세상의 모든 어머니에게」 부분

    아팠느냐 내 아들
    많이 아팠느냐
    목이 말랐느냐 내 아들
    얼마나 목이 말랐느냐
    누가 너의 이르디이른
    이런 못 박혀 죽는 죽음이

> 패배가 아니라
>
> 영광스런 승리라 한다
>
> 그런 승리 싫다
>
> …(중략)…
>
> 이젠 정말 안 아픈 거냐
>
> 목마르지 않은 거냐
>
> ―「세상의 한 어머니」 부분

사실 제 어머니는 아직 암 수술을 받아보신 적이 없습니다. 그러나 이 세상의 많은 어머니는 자궁으로 새끼를 키우지만 어느 순간 그곳에 암세포가 퍼져, 들어내는 수술을 하신다는 데 착상한 시입니다. 제 어머니가 암 수술은 받아보시지 않았지만 평생을 늘 어딘가가 편찮아 고생을 해오셨기 때문에 약이며 병이며 의사며 병원이며 하는 것은 어머니와 저의 주된 관심사가 될 수밖에 없었습니다.

「세상의 한 어머니」는 아들인 예수가 십자가 처형을 당한 후 땅으로 내려진 그 시체를 끌어안고 있는 미켈란젤로의 피에타상을 연상하며 쓴 시입니다. 이 세상의 슬픔 중에 아들의 시신을 껴안고 있는 어머니의 슬픔만큼 큰 슬픔이 있을까요. 그런데 그 슬픔은 성모 마리아만 겪은 것이 아닙니다. 저 멀리로는 아르헨티나의 '5월광장 어머니회'의 어머니들이 있을 것이고 가까이로는 의문사로 죽은 아들의 어머니들이 있을 것입니다. 그 모든 어머니의 아픔을 떠올리며 저는 이 시를 썼습니다.

   이제 제일 최근에 펴낸 시집 『뼈아픈 별을 찾아서』에 대해 이야기할 때가 되었습니다. 이 시에서 저는 세 사람을 등장시켰습니다. 두 사람은 제 자식이고 또 한 사람은 아버지입니다. 제게 어머니가 오래도록 잊고 있던 존재였다면 아버지는 내 아버지가 아니라고 부정하고 싶었던 존재였습니다. 하지만 자기 존재의 근원을 잊거나 부정하고 살아갈 수는 없지요. 외국으로 입양되어 간 이도 어른이 되면 자신을 버린 모국의 부모를 찾겠다고 발버둥치는데 말입니다. 부모가 되어봐야 부모 마음을 안다고, 저는 마침내 아버지가 되어 늘 부정하고 싶었던 아버지를 인정하려는 시도를 하기에 이르렀습니다. 이것은 제 존재 자체를 부정하는 것만큼이나 힘든 일이었습니다. 칠순에 접어드셨으나 병치레를 서의 해본 적이 없으신 제 아버지를 저는 병원 중환자실에 눕혔고, 급기야 숨을 거두게 했습니다.

    항문과 그 부근을
    물휴지로 닦은 뒤
    더러워진 기저귀 속에 넣어 곱게 접어
    침대 밑 쓰레기통에 버린다
    더럽지 않다 더럽지 않다고 다짐하며

한쪽 다리를 젖히자
눈앞에 확 드러나는
아버지의 치모와 성기
물수건으로 아버지의 몸을 닦기 시작한다
엉덩이를, 사타구니를, 허벅지를 닦는다
간호사의 찡그린 얼굴을 떠올리며
팔에다 힘을 준다
손등에 스치는 성기의 끄트머리
진저리를 치며 동작을 멈춘다
잠시, 주름져 늘어져 있는 그것을 본다

—「아버지의 성기를 노래하고 싶다」 부분

저 인공호흡기만 떼어내면 된다
왼팔과 목 오른쪽에 꽂혀 있는
저 줄만 떼어내면 된다
그럼 부자지간 그 부자지의 질긴 연줄을
떼어낼 수 있을 게다 후련하게
숙변의 배설보다 더욱 후련하게
누군가는 각막을 얻고
누군가는 신장을 얻고

누군가는 비장을 얻을 수도 있으리
아버지는 비록 아무런 유언도 없이
뇌 기능이 완전히 정지되었으나

― 「아버지 뇌사 상태에 빠져 계시다」 부분

저는 일곱 번째 시집 머리말에 "이 시집을 아버님께 바칩니다."라는 말을 넣어 제 고향 김천으로 부쳤습니다. 그날 밤 저는 아버지를 이해하고 용서한다고 말하며 오래 울었습니다. 아버지도 가출과 자살기도를 되풀이하며 속을 썩인 둘째아들을 이해하고 용서해주실 것을 저는 믿습니다.

저는 경북 의성에서 태어났으나 김천에서 성장기를 보냈습니다. 그 김천에 지금도 아버지와 어머니, 제 누이동생이 살고 있습니다. 인간은 타인으로부터 사랑을 받지 않으면 살아갈 수 없는 존재입니다. 그와 동시에, 타인을 사랑하지 않고서 살아갈 수도 없는 존재입니다. 제 첫 시집의 제목을 '사랑의 탐구'로 한 것을 참 잘했다는 생각이 듭니다. 같은 제목의 시가 그 시집에 있는데 이렇게 끝납니다.

사랑이란 다름아닌 침묵하는 것 부드럽게
어루만져주는 것 쓰다듬어주면서
네가 하는 말을 다 이해한다고

고개 끄덕여주는 것

―「사랑의 탐구」부분

제 6 부

만나고 싶은 그대에게

동시를 모르는 어머니들에게

지난 10여년 동안 국내 아동문학 시장의 성장은 눈이 부실 정도입니다. 인문서적과 문학도서는 판매량이 해마다 떨어지고 있지만 아동문학만은 고속성장을 하고 있습니다. 굴지의 출판사들이 모두 아동물 출판에 뛰어든 사실 하나만 보아도 아동문학이 출판계 만성불황의 이 시대에 상대적으로 호황을 구가하고 있음을 알 수 있습니다.

하지만 아동문학의 갈래 중 동시만은 그렇지 않다고 합니다. 좀처럼 나가지 않는 서적이 동요·동시집이라는 이야기를 출판계 사람한테 들은 바 있습니다. 재미가 없으니 안 팔리는 것은 당연한 일이겠지만 동요·동시의 세계를 이렇게 무시해도 되는 것일까요. 동시의 작자는 어른들만이 아닙니다. 충주 성심맹아학교의 아이가 쓴 동시에 이런 것이 있습니다.

    흰 구름에 빨간 고추잠자리
    볼 수는 없지만

    샘물에 떨어진 은행잎 건지며
    가을이 온 줄을
    나는 알아요.

    샘물에 두 손 담그면
    아, 여름날 차갑던 샘물이 따뜻해요!

                      —「가을이 온 줄을」전문

  앞을 못 보는 아이가 샘물에 두 손을 담그고서 그 차가운 물을 통해 가을이 온 줄을 알았다는 이 감동적인 동시는 홀트아동문예선집의 동시편에 실려 있는 작품입니다. 집의 아이한테 뭐뭐 하지 마라, 공부 좀 해라, 넌 왜 이 모양이니 하면서 꾸중을 하느니 이런 동시 한 편 읽어주거나 써서 읽어보라고 주는 것이 훨씬 나은 교육 방법입니다.

  역사와 전통을 자랑하는 일본의 이와나미岩波 문고에는 고 김소운 선생이 일역한 『조선동요선』이라는 책이 들어 있습니다. 가장 최근의 판수는 확인해보지 않아 알 수 없지만 이 문고는 전국 어느 서점에 가나 한 코너를 점하고 있기 때문에 지난 수십 년 동안 일본에서 꾸준히 나가고 있는 책이라고 합니다. 제목이 '조선동요선'이라고 조선시대의 동요라고 생각하면 큰 잘못입니다. 대한민국 아이들이 즐겨 부르는 동요 가운데 좋은 것을 가려내 일본어로 번역한 그 책이 일본에서는 꾸준히 팔리고 있는데 이 땅의 아이들은 동요와 동시의 세계를 완전히 무시한 채 살아갑니다. 이원수와 윤석중의 동요·동시집은 아이들에게 읽힐 최고의 양서라고 저는 힘주어 주장하고 싶습니다.

제 대학 선배 가운데 고등학교 교사이면서 시인인 박수진이란 분이 있습니다. 이분은 근년에 동요 작사가로 활동하고 있습니다. 초등학교 교사인 부인 김애경 선생님은 동요 작곡가이니 부창부수夫唱婦隨라고 해야 할까요. 부부가 낸 창작동요 음반에는 이런 노랫말을 담은 곡이 있습니다.

눈 내린 마을에 어둠이 내리면 파란 별들 모여 모여 파란 꿈을 꾼다 밤 깊어갈수록 고운 꿈 빛난다 누가 누가 잠 못 들고 편지를 쓰는지 날이 밝아올 때까지 깜박거린다

소리 없이 눈 내린 산골 마을 이른 아침 산도 집도 눈에 덮여 하얀 꿈을 꾼다 길도 끊긴 마을에 한 줄기 연기 누가 누가 일어나 아침을 짓는

지 따스한 사랑이 피어오른다

—「눈 내린 마을」 전문

눈 내린 산골 마을의 풍경이 손에 잡힐 듯이 펼쳐지고 있는 아름다운 노랫말입니다. 이런 동요는 도시의 아이들에게는 꿈 같은 환상을 심어 줄 것입니다. 거의 시의 경지에 다다라 있어 어른들이 오히려 더 많이 공감하지 싶습니다. 제가 읽어도 내용을 알 수 없는 시가 시집마다 문예지마다 차고 넘칩니다. 이런 동요가 암호 같은 시보다 문학성이 떨어지는가요? 저는 결코 그렇지 않다고 생각합니다.

아내가 딸아이와 매일 짧은 동시 한 편을 함께 외우는 것을 몇 달 동안 지속한 적이 있었습니다. 아내는 딸아이를 데리고 뒷산 약수터에 올라가면서 제대로 잘 외웠는지 확인을 하는 것이었는데 함께 가면서 동시를 읊조리는 모녀는 저의 아내와 아이여서 그렇겠지만 정말 사랑스럽고 보기 좋은 광경이었습니다. 아이에게 동시를 읽히는 어머니, 아이와 함께 동시를 암송하거나 동요를 부르는 어머니는 훌륭한 어머니일 것입니다. 아이가 훗날 어른이 된다면, 특히 부모가 된다면 동요·동시를 가르쳐준 어머니를 사랑하고 존경할 것입니다. 이 교육에는 결코 많은 돈이 들지 않습니다. 학원에 보내는 비용의 일백 분의 일과 약간의 시간만 투자하면 어머니는 자식을 마음이 튼튼한 아이로 키울 수 있습니다. 아이의 밝은 마음은 부모의 정성의 결과인 것이지요.

제 35신

편지를 쓸 줄 모르는 그대에게

    중학교 입학 무렵부터 대학 3학년 때까지 이름 알고 얼굴 모르는 소녀와 펜팔을 했었습니다. 펜팔 10년 만에 만났으나 이별의 아픔을 겪게 되었고, 그래서 쓴 시가 있습니다.

    버들개지 날리는 감천甘川 가에 와
    그대한테서 온 편지를 접네
    그 많은 사연들
    꿈결인 양 함께 걸었던
    그 많은 거리들

내 기억의 가장 은밀한 곳에
이제는 잠재워두려네
지니고 갈 아무것도 없이, 표표히
나 이제 먼 길
떠나야 될 것 같네

그대한테서 온 편지를
감천 물에 띄우네
한 장 한 장의 행간에
기쁨과 슬픔
열망과 절망을 실어
머나먼 시간의 바다
돌이킬 수 없는, 결코 머무르지 않는
빛의 물살 속으로 띄워보내네
내 젊음의 온갖 음영까지
……내 사후에도 그대
나를 생각해줄까

이 물가에 누워서 쳐다본 별밭에
내 별만큼 많은 꿈들을 쏘아 올렸었네

내가 죽고,

내 모르는 타인의 신비스런 시간이 밀려와도

이름 모를 별에 떨어진 꿈들은

싹을 틔우고 있으리

떠남으로써 완성되는 나와 그대의 생애

5월의 감천 가에 와 비로소 알았네.

— 「5월의 물가에 와—첫사랑에게 바침」 전문

이 시에 나오는 지명 '감천'은 제 고향 김천시 외곽을 흐르는 시내의 이름입니다. 첫사랑 이야기를 하려는 것이 아니고, 편지를 도통 쓰지 않는 그대에게 편지의 매력에 대해 들려드리고 싶습니다.

오늘날 의사 소통의 수단으로 컴퓨터와 휴대폰 이상 가는 것은 없습니다. 우리는 거의 하루 빠짐없이 메일을 주고받고 인터넷 채팅을 합니다. 휴대폰 문자 메시지를 보내고 지하철을 타고 가며 전화를 받습니다. 이것들은 모두 소식을 전하고 정보를 제공하는 수단일 뿐 진정한 의사소통의 수단이 될 수는 없습니다. 내 마음속 깊숙한 곳에 있는 것을 몇 마디의 말로, 몇 개의 문자로 전달할 수 있을까요. 그렇게 전한 말이 우리의 뇌리에 길이 남고 깊은 울림을 전해줄 수 있을까요. 그럴 리 없습니다. 가장 고전적인 의사 소통의 수단은 누라 뭐라 해도 편지입니다.

저는 거의 해마다 가정의 달이라는 5월이 되면 학생들에게 편지 쓰기 숙제를 냅니다. 고향에 계신 부모님이나 형제, 애인 등 가장 가까운 사람에게 편지를 써 갖고 오게 합니다. 친필로 쓴 편지를, 받는 이의 주소를 적은 편지봉투에 넣어서 갖고 오되 봉하지는 말게 합니다. 선생인 내가 읽어보고 채점을 해야 한다면서. 물론 우표를 붙여서 갖고 오게 합니다. 요구 조건은 또 있습니다. 문장력을 최대한 발휘하라, 받는 이가 눈물을 글썽일 정도로 감동적으로 써보라, 사랑의 감정을 전하도록 하라, 예의를 갖추도록 하라, 시를 한 수 써 넣으면 더 좋다.

이런 까다로운 조건을 내걸어도 학점에 지대한 영향을 줄 거라고 엄포를 놓으면 대부분의 학생들은 정성을 다해 편지를 써 제출합니다. 저는 그 가운데 특별히 잘 쓴, 혹은 사연이 구구한 몇 편을 수업시간 중에 읽는 시간을 갖습니다. 학생에게 직접 읽으라고 할 때도 있고 제가 대신 읽어줄 때도 있습니다. 대신 읽어주는 것은 학생의 이름을 밝힐 수 없을 때와 쓴 학생 자신이 읽으면 분명히 도중에 울음을 가누지 못할 거라 생각될 때입니다. 이 날은 정말 강의실이 감동의 도가니가 됩니다. 때로는 웃음바다가 됩니다.

아버지가 폭력을 일삼아 가정 파탄이 된 집의 아이는 아버지에 대한 증오를 숨기지 않습니다. 하지만 그 아버지가 호호백발 노인이 되어 병상에 누워 있을 때, 학생은 편지에서 오열합니다. 죽이고 싶었는데 죽일 수 없는 상태가 되어 있다고. 바람둥이 아버지이건만 그가 나의 친아버지인 것을 부정할 수는 없습니다. 재수 생활에 지친 동생에게, 군에 가 있는 동생에게 쓴 편지는 동기간의 정을 십분 느끼게 합니다. 지나친 간섭에 반항으로 일관했던 딸은 어머니의 새치를 보며 처음으로 화해를 청합니다.

사연이야 다 가지각색이고, 문장이야 다 구구절절 명문입니다. 그런데 대개의 경우, 그렇게 과제물로 쓴 편지가 초등학교 때 혹은 중학교 때 써본 이후 처음으로 써본 편지라고 합니다. 5년 전에, 혹은 10년 전에 편지를 써본 이후 어느 누구에게도 편지를 써본 적이 없다는 것이지요. 요즘에는 연애편지라는 것도 없습니다. 휴대폰이 있는데 어찌 귀찮게 편지를 쓴단 말입니까. 하지만 가장 원시적인 편지의 효용은 현대 문명의 산물인 통신 기계보다 훨씬 큽니다. 말 한마디로 천냥 빚도 갚을 수 있다면 편지 한 통이면 만냥 빚을 갚을 수 있습니다. 편지는 마음의 오랜 앙금을 걷어낼 수 있게 합니다. 오해를 풀 수 있고, 화해를 청할 수 있고, 우정을 깊게 할 수도 있습니다. 말로는 쑥스러워 할 수 없는 '사랑한다'느니 '이해한다'느니 '용서한다'느니 하는 말을 편지 한 통이면 할 수 있습니다.

우표 값이 250원이고 편지지와 봉투 값을 합쳐도 500원 미만입니다. 전화기를 들고 말을 하다보면 감정이 격해져 역효과를 낼 수 있는데 펜을 들고 써 내려가다 보면 내 마음은 따뜻해지고, 열은 전도되는 속성이 있어 따뜻해진 내 마음을 타인에게 전할 수 있지요. 그럼 타인의 마음도 따뜻해집니다.

   천하에 둘도 없는 불효자식이여, 편지를 써보십시오. 타인에게 사랑을 전하고 싶으면 편지를 써보십시오. 회사 일이 바빠 아빠 노릇을 제대로 해주지 못하는 가장이라면 아이의 학교 주소와 몇 반인지를 알아내 편지를 써보십시오.

   저녁이면 들어갈 집이지만 세상의 남편들이여, 집의 아내에게 편지를 쓰십시오. 낮에 그 편지를 받아 읽고 아내는 남편의 진한 사랑에 감동할 것입니다. 아내는 남편의 회사 주소로 편지를 한 통 써 보내십시오. 회사 일이 힘들겠지만 기운내시라고. 당신이 회사에서 흘리는 땀의 의미를 잘 알고 있다고.

   이 삭막한 시대를 밝히기 위하여 우리는 편지를 써야 하고, 받은 편지를 오래 간직해야 합니다. 아름다운 추억을 만들기 위하여. 나는 너에게, 너는 나에게, 잊혀지지 않는 하나의 의미가 되기 위하여.

제 36신

책을 읽지 않는 그대에게

프랑스 상징파 시인 가운데 스테판 말라르메라는 이가 있습니다. 그의 시는 대개 난해하여 독자들의 사랑을 받지는 못했습니다. 하지만 「바다의 미풍」이라는 시는 비교적 쉬워 대중의 사랑을 받아온 작품입니다. 시는 이렇게 시작됩니다.

오! 육체는 슬퍼라, 그리고 나는 모든 책을 다 읽었노라.
떠나버리자, 저 멀리 떠나버리자.
새들은 낯선 거품과 하늘에 벌써 취하였다.
눈매에 비친 해묵은 정원도 그 무엇도

바닷물에 적신 내 마음을 잡아두지 못하리,
오, 밤이여! 잡아두지 못하리,

—「바다의 미풍」부분(김화영 역)

세상의 책을 다 읽었기에 바다로 떠나야겠다는 시인의 일갈은 과장이 좀 심하다는 느낌이 들지만 그 마음은 충분히 이해할 수 있습니다. 유치환도 이런 마음을 담아서 시를 쓴 적이 있습니다.

나의 지식이 독한 회의를 구하지 못하고
내 또한 삶의 애증愛憎을 다 짐지지 못하여
병든 나무처럼 생명이 부대낄 때
저 머나먼 아라비아의 사막으로 나는 가자.

—「생명의 서」제1연

물론 책이란 것이 우리 마음의 기갈을 전부 해결해줄 수는 없습니다. 하지만 책과 담을 쌓고 산다면 우리는 "병든 나무처럼" 생명이 부대낄 것입니다.

며칠 전, 유명 출판사의 사장을 만났습니다. 근년에 들어 문학 쪽 서적의 판매 부수가 전체적으로 20~30% 떨어져, 출판 시장은 다른 쪽으로 전환하려고 몸부림을 치고 있다고 했습니다. 전에는 만 권 단위가 되면 베스트셀러였는데 지금은 몇천 권만 팔리면 베스트셀러 고지에 쉽게 오른다고 합니다. 그분은 또한 학습참고서와 어학교재, 실용서, 만화, 아동물 일부를 제외하고는 도무지 판매가 안 된다고 합니다. 그런데 서점에 한번 가보십시오. 좋은 책들이 얼마나 많이 나오고 있습니까.

책을 많이 읽어야 할 대학생의 경우를 보면 더욱더 비감에 사로잡히게 됩니다. 일종의 교과서인 교재도 극히 일부 학생만 구입하고, 책의 필요한 부분은 복사를 합니다. 교재를 포함하여 1년에 20권 이상의 책을 사는 학생이 있다면 그야말로 '드문 경우'입니다. 교양과목이건 전공과목이건 책을 읽고 독후감을 써내라고 하면 아주 비슷한 글이 나옵니다. 책을 읽지도 않고 인터넷을 검색하여 적당히 짜깁기를 해 제출하는 것입니다. 몇 개 단락이 글자 한 자 틀리지 않고 같을 경우, 학생을 불러 야단을 치지만 나머지 학생들도 창의적인 독후감을 쓴 것인지 알기가 어렵습니다. 지독히도 책을 읽지 않고 사지도 않는 것입니다.

한때 '느낌표'라는 텔레비전 프로에서 독서 캠페인을 벌였습니다. 그 프로도 오래 하다 보니 사람들의 관심도가 계속 떨어져 그만 문을 닫고 말았지요. 'TV 책을 말한다'란 프로는 상당히 전문적인 탓에 판매 부수를 올리는 견인차의 역할은 하지 못했다고 합니다. 책 속에 길이 있다고 하는데, 백약이 무효란 말입니까! 국력은 체력에서 나오기도 하지만 국민 다수의 지식과 지혜에서 나오는 것입니다. 국가경쟁력의 측면을 보더라도 출판 시장의 고사는 막아야 합니다.

가장 손쉬운 방법은 책 선물을 생활화하는 것입니다. 어린 자녀의 생일 때, 어린이날에, 입학식 때, 어른들은 아이에게 장난감을 사주고 맛있는 것을 사주고 놀이공원에 데리고 갑니다. 그것이 뭐 그리 나쁠 것은 없지만 그런 날은 꼭 책을 사주면서 몇 마디 앞머리에 적어줍시다. 너를 사랑한다고. 네가 난 사람이 아니라 든 사람이 되었으면 좋겠다고. 그 동안 책 한 권도 사주지 못해 너무 미안했다고. 이 책은 어떤 점에서 좋다고 하니까 네가 읽고 도움을 받았으면 좋겠다고 적어줍시다. 그럼 세월이 흐르고 흘러도 아버지의, 어머니의, 삼촌의, 오빠의, 누나의 친필 글씨가 적힌 그 책을 함부로 버리지는 않을 것입니다. 헤어져 있을 때, 영원히 헤어지게 되었을 때, 그 책에는 준 사람의 글씨가 있기에 사람을 감동시킵니다.

사랑하는 사람의 생일에 책을 선물합시다. 멋진 사랑의 고백을 그 책의 어느 부분에 적어 넣어서.

쑥스러운 고백을 하나 합니다. 아내와의 연애시절에 저는 소설책이나 수필집을 의도적으로 선물한 적이 있습니다. 그 책의 어느 부분에 사랑을 고백하는 장면이나 사랑 때문에 번민하는 장면이 나옵니다. 그 부분에 나는 작은 연필 글씨로 '나도 이 소설의 주인공처럼 그대를 열

렬히 사랑합니다.'라고 썼습니다. 여러분들도 시도해보십시오. 효과는 100%입니다.

  책은 사람을 키우고 사람을 바꿉니다. 인터넷을 검색하여 알아낸 정보는 그야말로 정보에 불과합니다. 참된 지식은 텔레비전 퀴즈 프로의 차원이 아닙니다. 그 지식이 나의 삶을 어떤 식으로든 윤기 있게 해야지 지식이라고 할 수 있습니다. 머릿속에 들어 있는 것이 전혀 체계적이지 않고 뒤죽박죽 섞여 있는 잡동사니라면 내 삶과 무관할 수밖에 없습니다. 책을 통해 얻은 좋은 지식은 대개의 경우 인생의 지혜와 연결이 됩니다. 우리는 책을 통해 성현을 만날 수 있고, 스승을 접할 수 있고, 전문가의 이야기를 들을 수 있습니다.

  자, 이제 한 달에 한 번은 서점에 가봅시다. 내가 책 선물을 할 사람이 누구인가를 생각해봅시다. 어떤 책이 양서인지를 따져봅시다, 재미와 아울러 교훈을 줄 만한 책이 어떤 것이 있나 살펴보자구요. 책을 사는 행위는 출판사를 살리는 길입니다. 고사지경에 이른 우리나라 출판·문화계에 수혈을 하는 것입니다. 책을 지금과 같이 홀대한다면 우리는 국가의 동량을 키울 수 없습니다. 좋은 책을 매개로 하여 아버지와 아들이 대화를 나눈다고 생각해보십시오. 삼촌과 조카가 대화를 나눈다고 생각해보십시오. 그 광경이 아름답지 않다고 누가 말할 수 있겠습니까.

제 37신

신춘문예 당선을 꿈꾸고 있는 여러분에게

　신춘문예라는 등단제도에 많은 문제점이 있는 것은 사실입니다. 그러나 저는 다시 태어나 등단을 꿈꾸게 될지라도 신춘문예만을 고집하며 습작기를 보낼 것입니다.

　1981년, 대학 2학년 때의 가을이었습니다. 『시문학』에서 공모한 '전국 대학생 문예작품 공모'에 시가 당선되었습니다. 그 지면의 입선자들 가운데 시인으로 활동하는 분이 꽤 됩니다. 몇 년 위의 당선자로 건국대 김혜순 시인이 있었던 것으로 기억합니다. 당시에는 문예지의 수가 적었고, 문예지에서 대학생을 대상으로 작품 공모를 하지 않았던 터라 전국 대학생들에게 선망의 대상이 되었던 상이었습니다.

"당선자에 한해 초회 추천의 특혜가 주어지니 작품을 갖고 오면 2년여의 터울을 두고 추천완료를 해주겠습니다."

대학 졸업할 무렵에 추천완료를 해주겠으니 시를 열심히 쓰라는 편집장의 말이었습니다. 하지만 제 꿈은 신춘문예 당선이었습니다. 상금이며 유명세가 문제가 아니었습니다. 제가 아는 허다한 문인이 신춘문예 출신이었고, 엄정한 심사를 통해 딱 한 작품을 뽑는다는 심사의 공정성도 매력적인 요소였습니다. 문예지 추천은 문학적 스승이 데뷔를 시켜주는 것이어서 왠지 껄끄러웠고, 문예지 신인상은 투고작의 수가 신춘문예와는 비교가 되지 않았습니다.

몇 년이 걸려도 신춘문예를 통해 등단하자고 마음먹고선 대학노트 몇 권의 분량으로 좋은 시들을 필사하는 한편 신통치 않은 시들이지만 꾸준히 습작했습니다. 시는 머리로 쓰는 것이 아니라 가슴으로 쓰는 것이라고 가르쳐주신 서정주 선생님과 구두자적이고 형이상학적인 시를 강조하신 구상 선생님, 대구에서 오르내리며 모던한 시를 소개해주신 신동집 선생님 세 분이 시 창작 실기를 지도하셨고, 함동선 선생님이 시문학사를, 갓 부임한 김은자 선생님이 시론을 강의하셨습니다. 창작 실기 시간마다 제 작품이 무참하게 난도질되었지만 이것이 다 보약이거니 생각하며 수업시간에 교수님이 "자, 오늘 작품 써온 사람 있으면 앞으로 나와 판서하게"라고 말씀하시면 매번 제일 먼저 나가 판서를 했습니다. 그때는 컴퓨터라는 것이 보급되기 전이었습니다.

대학생 문예작품 공모 당선에 고무되어 2학년 말에 여러 신문사에 투고를 했습니다. 시조가 경향신문 최종심에 올랐습니다. 3학년 말에도 여러 신문사에 투고했습니다. 시가 〈동아일보〉 예심에 통과되었습니다. 문학평론이 〈대구매일신문〉 최종심에 올랐습니다. 4학년 말에도 여러 신문사에 투고했습니다. 예년의 신춘문예를 염두에 두고 쓴 작품을 〈조선일보〉에, 떨어지면 문예지에 응모할 작정으로 정공법으로 쓴 시를 〈한국일보〉에, 실험성을 지녀 전혀 기대할 수 없는 작품을 〈중앙일보〉에 보냈습니다. 소설은 자신이 없어 지방지 〈대구매일신문〉에 보냈습니다. 〈한국일보〉와 〈대구매일〉의 최종심에 올랐습니다.

〈대구매일〉 소설 심사를 맡았던 김병익 선생이 당선 천거 작품 작자에게 부분 수정을 요망하였고, 그 사람이 수정을 거절하면 이승하 씨에게 당선 연락을 하라고 말씀하셨다고 합니다. 그이는 심사자의 요망에 응해 작품을 고쳤고, 따라서 제 소설은 낙선이 되었습니다.

1983년 크리스마스 이브에 중앙일보사로부터 연락을 받고 많이 기뻤지만 놀람도 컸습니다. 5편의 투고작 가운데 제일 밑에 깔려 있던 「화가 뭉크와 함께」가 당선작으로 선정되었다는 것이었습니다. 제법 길고, 힘차고, 벅찬 희망을 담고 있는 예년의 당선작과는 많이 다른 작품이었는데 어떻게 당선되었는지 제 자신도 의아스러웠습니다.

어디서 우 울음소리가 드 들려

겨 겨 견딜 수가 없어 나 난 말야
토 토하고 싶어 울음소리가
끄 끊어질 듯 끄 끊이지 않고
드 들려와

야 양팔을 벌리고 과 과녁에 서 있는
그런 부 불안의 생김새들
우우 그런 치욕적인
과 광경을 보면 소 소름 끼쳐
다 다 달아나고 싶어

도 동화同化야 도 동화童話의 세계야
저놈의 소리 저 우 울음소리
세 세기말의 배후에서 무 무수한 학살극
바 발이 잘 떼어지지 않아 그런데
자 자백하라구? 내가 무얼 어쨌기에

소 소름 끼쳐 터 텅 빈 도시
아니 우 웃는 소리야 끝내는
끝내는 미 미쳐버릴지 모른다

우우 보트 피플이여 텅 빈 세계여

　　나는 부 부 부인할 것이다.

―「화가 뭉크와 함께」 전문

　이 작품은 형식에 있어서는 말더듬이의 화법을 사용했는데 저는 대학시절에 사실 꽤 심한 말더듬이였습니다. 말을 더듬게 된 연유를 설명하자면 무척 길어질 터인데, "시집 『욥의 슬픔을 아시나요』세계사에 나오는 시 「통나무」를 읽어보십시오"란 말로 대신하고 싶습니다. 아무튼 고교 시절을 김천고 2개월 재학으로 끝내고 검정고시를 거쳐 대학생이 되는 5년 과정에서 대화를 나눠본 사람은 형과 누이동생 외엔 없었습니다. '말'에 대한 자신감을 완전히 잃어버려 낯선 사람과 대화를 할 때면 무조건 더듬거렸고 얘기가 조금이라도 길어지면 진땀까지 흘렸습니다. 당선소감을 적은 원고를 들고 중앙일보사에 갔더니 문화부 기자가 이런 말을 하는 것이었습니다.

　"당선자께서 왜 이런 시를 썼는지 이해가 갑니다. 말을 꽤나 심하게 더듬으시네요."

　아차, 실언을 했구나 하는 표정이 되었지만 이미 엎질러진 물이었지요. 저는 고개를 끄덕이며 쓴웃음을 지었습니다.

　시의 내용, 즉 주제는 세계 곳곳에서 행해지는 잔혹한 학살극에 대한 비판의식이라고 할 수 있을 것입니다. 직접 드러난 것은 일엽편주에 수십, 수백 명이 몸을 싣고 정처 없이 떠돈, 베트남전 종전의 산물인 보트피플이었습니다. 하지만 그보다는 1980년 광주에서의 시민군 진압, 아르헨티나와 칠레 등 남미 군부의 양민 학살, 크메르루주군의 자국민 대량학살 등을 염두에 두고 쓴 시였습니다.

오세영 선생이 신춘문예 당선작을 모아 평하는 자리에서 "뭉크의 그림을 통해서 시인이 말하고자 한 것은 남지나 해상에 떠 있는 보트 피플이었고, 메커니즘과 제도에 의해서 압살된 휴머니즘이었고, 인간 회복에 대한 절규였다", "구체적으로 더듬는 소리를 그대로 표기하여 현대 삶의 불안과 공포에 아귀 눌린 인간상을 잘 묘사하고 있다"고 높이 평가하여 부끄럽기도 했지만 큰 용기를 얻었습니다.

김준오 선생은 『시론』삼지사과 『현대시론』한국방송통신대학에서 "언어의 위기빈곤의식의 산물로 우리는 또한 눌언말더듬의 시와 수다의 시를 보게 된다"고 하면서 이 시를 눌언의 시의 대표작으로, 황지우의 「상징도象徵圖 찾기」를 수다의 시의 대표작으로 거론했습니다.

이 시 한 편에 대한 작품평은 맹문재의 『패스카드 시대의 휴머니즘 시』모아드림에 나오는 「휴머니즘의 정신」이 있습니다. 제7차 교과과정 개편에 따라 새로 간행된 고등학교 교과서 가운데 블랙박스 출판사 판 문학교과서하에 이 시가 실리기도 했습니다. 제 작품을 관심 깊게 보아주신 이런 분들에게 고마운 마음을 갖고 있습니다. 김준오 선생은 생시에 한 번도 뵌 적이 없어 '고맙습니다'란 말씀을 드리지 못했습니다.

  소설이 최종심에 올랐다가 낙선된 사실에 고무되어 해마다 투고했습니다. 1988년에 모 신문사에 투고했는데 최종심에 올랐습니다. 어느 대학 문예창작학과 교수님이 여러 해 전에 졸업한, 나이가 제법 많은 자기 제자의 작품을 당선작으로 뽑는 것을 보고 이 제도의 맹점이 여기에 있다고 느꼈습니다. 다음해 경향신문에 소설이 당선되었는데, 소설까지 넘본 죄로 제가 당한 수모는 필설로 다할 수 없습니다. 아무튼 1997년에 소설집『길 위에서의 죽음』을 묶기까지 한 해에 반드시 한 편의 소설을 씀으로써 저는 제 아버지 세대를 이해하려고 무진 애를 썼습니다. 그래서 '작가의 말'을 이렇게 끝맺었습니다. "길 위에서 죽어가는 이가 없는 나라에 대한 바람을 실어 쓴 소설들을 아버지 세대에게 바칩니다."

  근년에는 신춘문예의 영향력이 예전만 못한 것 같습니다. 지속적으로 발표지면을 주는 문예지로 등단하는 것이 더 유리한 면이 있기 때문입니다. 등단지면이 어떻든 간에 중요한 것은 좋은 작품을 꾸준히 쓰는 것입니다. 등단한 그날부터 제2의 습작기가 시작되는 셈인데, 원로와 중진을 비롯한 기라성 같은 시인들과 같은 지면에 작품이 실리므로 나의 실력 없음은 바로 표시가 납니다. 그저 이를 악물고 습작의 나날을 계속할 도리밖에 없습니다.

제 38신

병영의 제자에게

고생이 많지? 따뜻한 부모님 슬하와 포근한 네 방 잠자리를 떠난 것만 해도 힘들 텐데 연일 이어지는 훈련과 얼차려에 눈물 훔칠 새도 없을 것이다.

나는 어머니가 입원을 해 계셔서 병원에서 환자들과 더불어 한동안 텔레비전 뉴스를 보았다. 수많은 사람이 링거병을 보호자인 양 데리고 다니는(?) 병원에서 가족 및 환자들과 더불어 텔레비전 화면을 보는데 낯익은 탤런트가 자살했다는 소식이 전해지는 것이 아닌가.

벌써 몇 번째인가 모르겠다. 퇴원의 날을 기다리며 병마와 싸우고 있는 전국 병원의 많고 많은 환자들을 이들 연예인은 우롱하는 것인가.

자세한 내막이야 알 수 없지만 보도를 통해 알려진 이런저런 이유는 자살이라는 수단밖에 해결책이 없었을까 하는 생각을 하게 한다. 우울증에 시달리다, 악성 댓글에 시달리다, 인기가 떨어지고 있어서 불안감에 시달리다 등등 이유는 달랐지만 궁극적으로는 '약한 마음'의 결과이다.

아무리 인기를 먹고사는 연예인이라지만 인기가 좀 떨어진다고 자살을 한다면, 네티즌들이 비방을 한다고 자살을 한다면 살아남을 사람이 몇 안 될 것이다. 우리는 왜 자신의 목숨이 자기 혼자만의 것이라는 생각을 하는 것일까. 더구나 그가 널리 알려진 공인이라면 그의 목숨은 팬의 것이기도 하다.

나도 사실은 청소년 시절에 가출도 몇 번이나 해보았고 자살 기도도 해본 적이 있었다. 사람은 자신을 극한상황으로 몰아가는 경향이 있고, 비극의 주인공이 되고 싶어하는 기질도 누구나 조금씩은 갖고 있는 법이지. 내가 그 시절에 비관적인 세계관에서 벗어날 수 있었던 것은 독일의 한 작가 덕분이었단다.

볼프강 보르헤르트라는 독일의 작가가 있었다. 히틀러가 제2차 세계대전을 일으키자 그도 어쩔 수 없이 징집 대상이 되어 참전했지만 나치스 정권을 비판하는 편지를 썼다는 이유로 군사법정에 회부되어 엄청난 고통을 겪게 되지. 그는 두 번이나 사형을 구형받았고, 러시아 최전선에 배치되기도 했다. 디프테리아에 걸렸지만 치료도 받지 못한 채

독방에 감금되었다. 전쟁이 끝났을 때 그는 초주검이 되어 있었고, 병상에서 딱 2년 동안 시와 소설, 희곡을 썼다. 그런데 국내에 나와 있는 독일문학사 어느 책을 보아도 이른바 '전후문학'은 보르헤르트로부터 시작된다. 단 2년 동안 그는 인류에게 빛이 될 만한 글을 썼던 것이다. 스물일곱의 나이로 죽은 그이지만 인생은 정말 살 만한 것이라고 거듭해서 말한다.

그가 쓴 짧은 소설에 이런 내용이 있었던 것이 기억난다. 전시의 포로수용소야. 언제 어떻게 죽을지 모르는데 한 포로가 민들레 한 송이가 피어 있는 것을 보고는 생명력의 위대함에 감탄하면서 자신이 지금 살아 있다는 사실에 감격하는 거야.

제2차 세계대전의 비극은 아우슈비츠 수용소로 대표될 수 있을 거야. 유태인 수백만 명이 학살된 비극의 현장을 다룬 영화「인생은 아름다워라」는 처절한 학살극이 자행되는 그곳에서 삶의 아름다움과 생명의 존귀함을 아이에게 가르치는 한 아버지의 이야기지. 또한 가족간의 사랑이 이 세상의 그 어떤 것보다 아름답다는 철학을 잔잔히 들려주는 내용이다. 영화의 주인공은 수용소를 '아름다운' 곳으로 만드는 혼신의 노력을 다한다.

우리는 어찌 보면 모두 외로운 존재다. 팬의 환호를 받는 인기인이라고 하여 외롭지 말란 법이 없다. 아니, 어쩌면 보통사람들보다 더욱 외로울지 모르지. 외로운 우리들에게 필요한 것은 무엇일까? 나는 귀라고 생각한다. 타인의 말에 귀를 기울여줄 줄 아는 귀 말이다. 인간은 모두 외롭기 때문에 누군가에게 말을 하고 싶어한다.

군대 내에서의 자살 소식도 심심찮게 들려온다. 참으로 안타까운 일이다. 군에 간 너희 또래의 청년에게 필요한 것은 군사 훈련과 아울러 형제 없이 커간 너희들 강호간의 소통의 방법이 아닐까. 소통의 방법은 바로 대화이다. 생의 즐거움과 살아 있음의 기쁨을 나누기 위해서 우리에게 필요한 것은 타인에 대한 배려와 관심이다. 이것을 가능케 하는 것은 대화이다. 네 마음의 어둠을 허심탄회하게 주변 사람에게 말하렴. 또한 전우가 하는 말을 귀기울여 듣고 고민을 나누도록 하렴. 그럼 이 세상이 조금은 더 밝아질 테니까 말이다. 너의 편지에 답장을 쓰는 김에 시도 한 편 써 보낸다.

네 군복 등판에 피어난
소금꽃의 의미를 안다
모포 뒤집어쓴 채 흘린
네 눈물의 의미를 나는 안다
네가 완전군장 구보를 할 때
나는 단잠에 빠져 있었을 것이다
네가 유격! 유격! 외치며 외줄 탈 때

나는 시 강의를 하고 있었을 것이다
어디 아픈 데는 없니?
변방의 수자리 우리 조상도
별을 헤아리며 국경을 지켰다
내 단잠은 네 덕분이다
내 삶도 네 덕분이다
때우고 나온다고 생각하면
지겨운 나날일 거다 에라 마음껏
젊음을 그곳에서 발산하렴
검게 탄 네 얼굴 어서 보고 싶다
단단해진 네 손 꼬옥 잡고 싶다

—「병영의 제자에게」 전문

제 39신

잠 못 이루는 그대에게

 그대 지금 불면증으로 고통받고 있습니까? 아니면 그냥 오늘밤 잠을 못 이루고 있습니까? 잠이 영 안 오신다면 제 이야기에 귀를 기울여주십시오.
 저는 여러분과 마찬가지로 제 수명을 모릅니다. 제가 쓴 것 가운데 사후에도 읽혀질 시가 과연 있을지도 알 수 없습니다. 저는 1984년 이래 지금까지 시인이었고, 앞으로도 시를 쓰면서 살아갈 것입니다. 욕심이야 다른 시인들도 마찬가지일 것입니다. 자신의 시가 시간을 초월하여 후대인도 읽어주기를. 공간을 초월하여 먼 도시의 사람들도, 나라 바깥의 사람들도 읽어주기를. 이 욕심은 사실 얼마나 부질없는 것일까요. 나는 이미 이 세상에 없는데 내 시를 두고 누가 뭐라 하든 그것이 무슨 소용입니까. 하지만 시는 예술이기에 그 자체가 시공을 초월할 힘을 갖습니다.

제게는 신라의 승려 혜초704~787가 당나라로 간 구법승이나 인도 전역과 서역을 여행한 여행가라기보다는 시를 쓴 시인으로서의 의미가 더욱 큽니다.
1200년 동안 동굴 속에 파묻혀 있다 발견된 두루마리가 있습니다. 그것의 이름은 왕오천축국전往五天竺國傳, 혜초가 쓴 인도 여행기였습니다. 6000자가 빼곡이 적혀 있는 그 두루마리 안에는 다섯 수의 시도 들어 있었고, 저는 그 시에 대해 글을 쓴 적이 있습니다『현대시학』 2000년 4월호 참조. 결론을 다음과 같이 맺었습니다.

시를 통해 나는 그의 체취를 맡을 수 있으며 숨소리를 들을 수 있다. 슬플 때 눈물 흘리고 기쁠 때 웃을 줄 알았던 신라인. 속세를 떠난 승려였지만 그는 그 이전에 감정이 풍부한 시인이었다. 시간과 공간을 뛰어넘어 영원의 별빛을 뿌릴 수 있는 시라는 이 오묘한 것!

혜초가 걸어갔던 길의 극히 일부를 따라가 보았습니다. 제가 중국 시안西安으로 가는 직항기에 몸을 실은 것은 2000년 7월 18일이었습니다. 서울→시안→우루무치→투루판→유원→둔황으로 이어진 7박 8일의 여정은 그 옛날 중국과 서역 각국간의 비단무역을 계기로 만들어진 실크로드 중 톈샨북로를 택해 우루무치에서 둔황으로 거슬러 내려오는 행로였습니다.

저는 그때 지구의 저편, 중국의 서북쪽으로 날아가 '엄청난 시간'을 만났습니다. 진정한 예술만이 시간을 초월할 수 있다는 확신을 한 것도 그 여행에서였습니다.

길 물으니 다음 마을까지는
또다시 1백 리 황무지 길이라 한다
돌아보니 길은 모래바람에 사라지고
걷다보니 길은 끊겼다가 다시 나타난다

사람 사는 마을 그 어디를 가도
늘 들을 수 있는 웃음소리와 울음소리
골목길에서 노파는 손자 업고 흐뭇해하고
동구 밖에다 어미는 자식 묻으며 슬피 운다

하지만, 나의 길은 마을로 나 있지 않다
영원의 법法을 찾아 부르튼 발 앞으로 옮기면

서역의 하늘 끝은 늘 입다문 지평선
가도 가도 인가의 불빛 한 점 보이지 않지만

어서 가자 밤을 도와 저 투루판 분지까지
넘어온 텐산산맥보다 더 아스라한 길을
오늘도 부지런히 걸어가야 하는 것은
내가 나서야 길이 비로소 길이기 때문

―「혜초의 길」전문

    제 자신 혜초가 된 양, 혜초의 입을 빌려 시를 써보았습니다. 당나라에 유학 가 있던 통일신라시대의 승려 혜초가 불교의 발상지 인도 순례에 오른 것은 723년이었습니다. 배를 타고 동남아시아를 거쳐 725년 인도에 도착한 혜초는 동부 인도에서 서북 인도를 돌아 중앙아시아 드넓은 땅을 편력했으며, 실크로드를 통해 729년에 당나라로 돌아왔습니다.
    혜초가 걸어간 길은 그야말로 고행의 연속이었을 것입니다. 겨울의 눈보라와 한여름의 모래폭풍을 헤치며 수만 리를 걸어서 여행하는 동안 그는 보고 듣고 느낀 것을 기록했습니다. 그의 글은 8세기경의 인도와 중앙아시아에 대해 쓴 세계 유일의 기록문이라고 합니다. 정성이 지극하면 값진 글을 쓸 수 있고, 그 글은 후세에 남을 것입니다. 그런 밑음을 갖고 오늘도 저는 시를 씁니다. 시 쓰기는 시공을 넘어서기 위한 지난한 몸부림입니다.

제가 「황조가」와 「공무도하가」같은 고대가요와 「안민가」「제망매가」「풍요」「혜성가」같은 향가를 응용하여 시를 써본 것도 하루살이와 진배없는 생을 살면서 영원을 구가하고 싶은 욕망 때문입니다. 부질없다면 부질없는 대로 이렇게 타임머신을 타보는 것입니다.

저는 그 여행길에서 두 가지 놀라운 것을 보았습니다. 진시황릉에서 발견된 도용陶俑은 뛰어난 예술품이었습니다. 진시황은 자신의 무덤에다 6천 점이 넘는 도용을 왜 만들어 묻었던 것일까요. 1974년 우물을 파던 농부에 의해 발견된 도용은 흙으로 정교하게 빚은 병사와 병마兵馬로서, 병사의 키는 178~187㎝나 되고 몸체나 얼굴 모습이 전부 달랐습니다. 즉 틀에다 부어 만든 조각상이 아니라 일일이 손으로 빚어 만든 예술작품이라는 것입니다. 흙으로 빚은 것이 땅속에 묻힌 채 2,250년 동안을 흙으로 돌아가지 않고 현대에 나타나 그 옛날의 영광과 굴욕을 얘기해주고 있었습니다. 황제의 영광을 위해 동원된 사람은 70만 명이었고, 공사에 36년이 넘게 걸렸다니 얼마나 많은 사람이 노역의 현장에서 죽어갔던 것일까요. 하지만 그들은 예술가였기에 2000년이 넘는 시간을 살아 숨쉴 수 있었던 것입니다.

둔황의 천불동 석굴 사원의 발견도 극적이었습니다. 1908년, 프랑스의 동양학자 페리오에 의해 어마어마한 수의 석굴 사원들이 발견되었는데, 그중 하나에는 AD 5~11세기에 만들어진 2만 점 가량의 그림과 필사본들이 소장되어 있었습니다. 불교뿐 아니라 도교·조로아스터교·네스토리우스교의 경전들과 「왕오천축국전」등 중세 인도와 중국 사회의 역사를 알 수 있는 사료들도 다수 포함되어 있었습니다. 황량한 고비사막 저쪽에서 잠들어 있던 고대와 중세가 현대에 들어서서 비로소 눈을 뜬 것이었습니다. 혜초의 시간은 1200년이었는데 저의 시간은 12년이나 될까요. 12년도 긴 시간입니다. 부지런히 시의 길을 가고자 합니다. 시간은 바람처럼 왔다 물처럼 가는 것이 아니라 내가 땀 흘리며 그려내는 것이려니.

또다시 황사바람이 불어와 눈 비빈다
이 모진 바람 언제부터 불어왔을까
산맥을 넘고 사막을 지나온 시간
바위가 돌이 되듯 세월 부서지고
돌이 모래가 되듯 시간 쌓였으리

둔황 막고굴 속에 봉인되어 있던
혜초의 시간 장장 1200년
그 동안에도 수많은 사람들이 태어나고

죽어가면서 참 많이도 울었으리 눈물 없는
서방정토를 꿈꾸며 그렸을까 둔황 벽의 그림들
시간은 바람처럼 왔다 물처럼 가는 것이 아니라
내가 땀 흘리며 그려내는 것
둔황 가는 길 다리 아파 밤하늘 우러르니
캄캄한 저 하늘에 가물가물한 별빛 하나
고개 끄덕이며 내 가슴에 불 밝힌다

—「혜초의 시간」 전문

제 40신

전주교도소의 남○○ 형께

 이렇게 공개된 지면에 서간문을 올리면서 형의 존함을 밝히지 않는 무례를 용서하십시오. 이는 사실, 형의 프라이버시를 침해하는 행위가 될지도 모르기 때문이니, 익명으로 호칭을 삼은 이 편지의 의미를 형이 누구보다 잘 이해해주리라 믿습니다. 남형은 지금 무기수로 전주교도소에서 복역 중입니다.

 형은 벌써 9년째 복역하고 있고, 3년 전부터 시를 쓰기 시작했다고 했지요. 문학사상사를 통해 낸 졸저 『이승하 교수의 시 쓰기 교실』을 어떻게 구해 읽은 남형은 작년에 제게 편지를 보냈습니다. 습작시의 수준을 가늠해보고 싶고 시 창작 지도를 받아보고 싶어서였습니다. 저는 답장을 보내드리는 편에 책 보기가 쉽지 않을 그곳으로 간간이 책도 보내드렸지요.

「자정 무렵의 기도」를 『현대시학』에 발표할 때는 부제가 '무기수를 위하여'였고, 소월시문학상 우수작품으로 선정되어 나희덕 시인의 수상작품집에 함께 수록될 때는 부제를 '사형수를 위하여'로 고쳐서 실었습니다. '우리나라도 이제 사형 폐지 국가가 되어야 한다'는 내용을 언론에서 자주 접했기에 부제를 그렇게 고쳤던 것이고, 시도 좀 수정을 했습니다. 시는 당연히, 남형을 염두에 두고 쓴 것이었습니다.

  그대 몰래 뜬 낮달처럼
  낭떠러지에 진종일 매달려 있었다고
  때가 되면 밤 오니 다행이지만
  등댓불은 안 보이고……
  표류하는 배처럼…… 혹은
  난파 직전의, 혹은
  침몰 직전의,

  시를 쓰는 마음으로 잠자기 전에 기도한다고
  희망의 기도…… 아니, 원망의 기도를
  갈망의 기도…… 아니, 절망의 기도를

그대 기도를 몰래 듣는 이는
사람의 아들인가 신의 아들인가
망령이면 살인자를 마음껏 비웃어주고
감방 동료면 애도하는 마음을 가져다오

그래, 시를 쓰는 마음으로 나 또한 기도하리
고개 들면 아랫도리에
수건 한 장 두른 이가 내려다보고 있어
오금이 저리다 몸서리가 쳐진다
알몸으로 사람들 앞에 섰던 몇 번의 기억……
지금도 수치스러워 돌아버릴 것 같은데
하물며
그대의 죄목은? 그대의 형기는?
그대의 생일은? 그대의 결혼기념일은?

자정 무렵까지 기도하다 잠이 든 어느 밤에
나 그대 꿈에서 만나기도 했었다
면회 간 횟수보다 많은……
목이 달랑 매달리거나
전기의자 위에서 숨을 거두는……

아깝거나 아깝지 않거나
다 똑같은 목숨이 이 가을에
먼 감옥의 벽 안쪽에서도
단단히 여물고 있으리

—「자정 무렵의 기도」 전문

저는 자고 싶을 때 잠자리에 들지만 그곳은 취침 시간과 기상 시간이 정해져 있지요? 식사는 입맛에 맞는지, 동료들과 불화는 없는지, 노동은 할 만한지요? 무기수이니 출옥이 어느 시점에 이뤄질지도 알 수 없는 노릇일 테지요. 때때로 엄습해 올 외로움, 죄책감, 불안감, 좌절감……. 형의 나이 어언 40대 중반, 기분 나쁘게 들릴지도 모르겠는데, 출옥 후에 직업을 무엇으로 할지 생각하면 암담하겠지요. 혹 출옥 전에 병이 들어 교도소에서 숨을 거두게 될지도 알 수 없는 노릇일 겁니다.

벽 안쪽에서 기나긴 시간을 보내고 계신 남형을 떠올리며 저는 초등학교 시절과 중학교 시절 크리스마스 무렵에 국군장병 아저씨에게 위문편지를 쓰는 심정으로 이 한 편의 시를 썼던 것입니다. 저는 형의 출옥을 기도할 순 없었지만 마음 편히 계시라고, 몸 건강하게 지내시라고, 시작詩作에 진전이 있으시라고 예수상 앞에서 기도를 하고 이 시를 썼습니다.

그런데 놀랍게도 이 시를 읽어보셨다고요? 소월문학상 수상작품집을 누가 보내주었는지 형은 이 시를 읽었고, "특히 「자정 무렵의 기도」는 제가 주인공인 듯했습니다"라고 편지에 썼습니다. 맞습니다. 바로 남형을 모델로 해서 쓴 시입니다. 마음을 다치게 할까봐 보여드리지 않은 이 시를 그만 보게 되었군요.

  10월 9일 자로 쓰신 편지에서 형은 비로소, 자신의 '죄'에 대해 말씀하셨습니다. 헤어졌던 여자를 정리하지 못해 살해하게 되었고 무기징역을 받았다고요. 사건이 일어났던 때가 서른여섯 살이라 했으니 9년을 복역한 지금 형의 나이는 마흔다섯입니다. 언제쯤이나 출옥이 가능할지……. 아마도 남형은 그 여인을 너무 사랑했기에 그런 파국을 자행한 것이 아닐까요. 열렬한 사랑이 초래한 극한적인 사건이라는 생각에 안타까움을 금할 수 없습니다.

  이런 사실보다 더욱 저를 놀라게 한 것은 형의 시였습니다. 부쳐온 5편의 시는 상당한 수준에 이르러 있었습니다. 일전에 봤던 시보다 월등 발전한 모습을 보여주어 저는 문예지 신인상 투고를 권해드렸는데 남형은 2008년 신춘문예를 목표로 하고 있고, 여기에 안 되면 문예지 등단을 모색하겠다고 했습니다. 잘 생각하셨습니다. 꿈은 크게 가져야지요.

  공장에서 일하고 돌아와 보니 너무나 아끼던 조그만 책상이 없어졌다고 애통해 하셨습니다. 교도소에서 허가하지 않는 부정물품이라는 이유로 간수가 가져가버려 형은 두꺼운 국어사전 3권을 포개놓고 편지를 쓰고 있노라고 하셨습니다. 저는 지금 서재에서 사무용 책상에 놓여 있는 컴퓨터에다가 이 편지를 투닥투닥 쓰고 있는데 말입니다.

열악하기 짝이 없는 환경에서 시를 쓰고 계신 남형!

저는 이렇게 좋은 환경에서 시를 쓰면서도 형편없는 태작만 쓰고 있는데 형의 시는 상상력과 표현력, 긴장감과 호소력이 편편에 넘쳐흘러 저는 솔직히 깜짝 놀랐습니다. 학부 학생들에게도, 대학원생들에게도 복사를 해서 낭독시키고 남형 시의 수준을 논해보았습니다. 학생들은 문예지 신인상 정도는 거뜬히 당선될 수준이라고 이구동성으로 말하는 것이었습니다. 신춘문예는 운이 꽤 작용하므로 장담은 못 하겠습니다만 그 정도면 등단 소식이 조만간 전해질 것입니다.

그곳의 겨울은 사회의 겨울보다 더 춥고 그곳은 여름은 사회의 여름보다 더 덥다면서요? 저는 아직 영어(囹圄)의 경험을 해보지 않아 교도소 한 방에 몇 명이 생활하고 있는지, 노동 시간에는 주로 어떤 일을 하는지, 신문과 텔레비전은 얼마나 볼 수 있는지, 식단은 어느 수준인지, 하나도 아는 게 없습니다. 분명한 것은 자유가 없다는 것이겠지요. 책 읽고 싶을 때 책 읽고 시 쓰고 싶을 때 시 쓸 수 있는 자유, 자고 싶지 않을 때는 밤도 새우고 자고 싶을 때 잠자리에 들 수 있는 자유, 여행의 자유, 먹고 싶은 것을 먹을 수 있는 자유, 술을 마실 수 있는 자유, 영화를 볼 수 있는 자유, 연애할 수 있는 자유, 울고 싶을 때 울 수 있는 자유…….

이 모든 자유로부터 차단되어 있으면서도 "더 치열하게 습작할 시기"라면서 자신을 채찍질하고 있는 남형! 부디 이번 신춘문예에서 좋은 소식 있기를 기원합니다. 당선 통지가 오지 않더라고 좌절하지 마시고 더욱 열심히 습작하십시오. 형의 시를 읽고 제가 감동하고 감격하고 있습니다. 삶에 연습이란 없고 다시 시작할 수도 없다고 한 남형의 말을 가슴에 새기고 살아갈 겁니다.

   감기에 안 걸리게 각별히 유의하기 바랍니다.

2007년 12월 20일
이승하 올림.

* 제시한 시는 시집 「감시와 처벌의 나날」을 낼 때 제목을 「밤의 기도」로 바꿈.